مفهـوم الـذات

بين

النظرية والتطبيق

الدكتور

قحطان أحمـد الظاهر

دار وائل للنشر

الطبعة الثانية

2010

رقم الايداع لدى دائرة المكتبة الوطنية : (1689/8/2003)

الظاهر ، قحطان أحمد

مفهوم الذات بين النظرية والتطبيق / قحطان أحمد الظاهر .

- عمان : دار وائل للنشر ، 2003

(191) ص

ر.إ. : (1689/8/2003)

الواصفات: علم النفس الإنفعالي / علم نفس الفردي / الفروق الفردية / احترام الذات

* تم إعداد بيانات الفهرسة والتصنيف الأولية من قبل دائرة المكتبة الوطنية

****

رقم التصنيف العشري / ديوي   155.23
ISBN 9957-11-414-x   (ردمك)

* مفهوم الذات بين النظرية والتطبيق
* الدكتور قحطان أحمد الظاهر
* الطبعة الأولى 2004
* الطبعة الثانية 2010
* جميع الحقوق محفوظة للناشر

دار وائـل للنشر والتوزيع

* الأردن – عمان – شارع الجمعية العلمية الملكية – مبنى الجامعة الاردنية الاستثماري رقم (2) الطابق الثاني
هاتف : 5338410-6-00962 – فاكس : 5331661-6-00962 – ص. ب (1615 – الجبيهة)
* الأردن – عمان – وسـط البلـد – مجمع الفحيص التجـاري- هـاتف: 4627627-6-00962
www.darwael.com
E-Mail: Wael@Darwael.Com

الإهـداء . . .

إلى كل قلب نابض بالحب

وعقل مستنير

يحترق لينير الدرب لأكبادنا

المحتويات

الموضوع | الصفحة

المقدمة

يعد مفهوم الـذات حجر الزاوية في الشخصية إذ أن وظيفتـه الأساسـية هـي السـعي لتكامـل واتساق الشخصية ، ليكون الفرد متكيفاً مع البيئة التي يعيش فيها، وجعله بهوية تميزه عن الآخرين . فهو يسعى إلى وحدة وتماسك الشخصية والذي يميز الفرد عن غيره . وتتجلى أهميتـه في كونـه يحـدد السـلوك الإنساني ، إذ أنه يؤثر في الآخرين ليسلكوا سلوكاً يتماشى مع خصائصه ، فهو يحدد من جهة أسلوب تعامل الفرد مع الآخرين ، كما يؤثر ، في ذات الوقت ، في تحديد أسلوب تعامل الآخرين معه، فهو يلعب دوراً كبيراً في الصحة النفسية والتوافق.

إن مفهوم الذات هو مفهوم افتراضي مدرك يتشكل من خلال المتغيرات البيئيـة الكثيـرة والتـي لا يمكن الفصل بينهما تماماً فهي تشترك بدرجات متفاوتة مع بعضها ، إذ تـؤثر كـل مـنهما في الأخرى فأي تحسن في أي متغير من المتغيرات التي تشكله ستصب في مفهوم الذات العام .

لذلك يعد هذا الموضوع من الموضوعات المهمة في ميدان علم النفس، والإلمام به مـن جميـع جوانبه سيمد القارئ برؤية حقيقية لماهيته ، وفي كيفية التعامل بشكل سـليم سـواءً بـين الآبـاء والأبنـاء أو المعلمين والمتعلمين وحتى بين الإداريين وموظفيهم . إن التأكيـد عـلى الجانـب الإيجابي للـذات والتعامـل السليم له الأثر الكبير في رؤية الذات، ويمكن استخدامها كإستراتيجية في تعديل السلوك، إذ يمكن أن نقلـل أو نطفئ السلبيات من خلال التأكيد على الإيجابيات . لـذلك يمكن القـول أن فهـم مفهـوم الـذات فهمـاً حقيقياً واعياً سيمد المتخصص والقارئ العام برؤية

جديدة تتسم بالوضوح والغنى في كيفية التعامل والتنشئة الصحيحة باتساع بعيدة وشمولية.

تطرق الكتاب في جزئه النظري إلى التطور التاريخي لمفهوم الذات إذ قدم مسحة تاريخية لدلالة الذات ، والاختلافات في الرؤية . وتعرض الفصل الثاني إلى نقاط متعددة بدأها بالأطر النظرية لمفهوم الذات مستعرضاً وجهات النظر المختلفة . وسلط الضوء على سمات مفهوم الذات من حيث كونه منظماً هرمياً، متعدد الجوانب ، ثابتاً بشكل نسبي، وتطوري فضلاً عن كونه فارقاً ، تقييمياً.

ثم تطرق هذا الفصل إلى نقطة تعد من أهم النقاط التي تهم القارئ المتخصص والعام ، وهي كيفية تشكيل مفهوم الذات حيث تعرض إلى أهم المصادر التي تشكله.

واستعرض كذلك أهم الآراء التي تعلقت بأبعاد مفهوم الذات، وألقى بظلاله على وظائف مفهوم الذات وارتباطها الدقيق بالشخصية.

وقدم الفصل الثالث سرداً لأهم المقاييس التي استخدمت في قياس مفهوم الذات الأجنبية منها والعربية والتي تمكن الباحث أو المختص من الاستفادة منها نظرياً وتطبيقياً.

أما الجزء الثاني من الكتاب فقد تعرض إلى الجانب التطبيقي حيث ربط مفهوم الذات بالمتغيرات الأساسية التي تؤثر فيه، والدراسات التي أجريت، في ذلك.

فاستعرض الفصلان الرابع والخامس العلاقة بين مفهوم الذات والمتغيرات الأسرية التي تعد من أهم العوامل التي تشكل مفهوم الذات ، وترسم الملامح الأساسية لما سيكون عليه الفرد مستقبلاً مستعرضاً ظروف التنشئة المتنوعة والتي تؤثر بشكل أساسي في رؤية الفرد لنفسه وخاصة في مرحلة الطفولة .

ثم ألقى الفصل السادس الضوء على العلاقة بين مفهوم الذات ومتغيرات مهمة كالجنس والتحصيل والناحية الجسمية والعمر والسلوك وخاصة غير السوي.

وتعرض هذا الفصل كذلك إلى العلاقة بين مفهوم الذات والبيئة المدرسية التي تعد من العوامل المهمة في بلورة شخصية الطفل لما سيكون عليه مستقبلاً.

أرجو أن يكون هذا الكتاب إضافة جديدة للمكتبة العربية وما توفيقي إلا بالله.

د.قحطان أحمد الظاهر

المدخل النظري

الفصل الأول

التطور التاريخي لمفهوم الذات

التطور التاريخي لمفهوم الذات

لم يعرف الإنسان الذات كما عرفها في الوقت الحاضر من حيث كونها مصطلحاً نفسياً له دلالاته . فلا توجد لغة في العالم سواء كانت قديمة أو حديثة وعلى اختلاف الحضارات إلا واستخدمت ألفاظ مثل أنا ، ونفسي ، ولي التي تدلل على كنه النفس ، لذلك فإن جذور وأسس مفهوم الذات قديمة جداً حيث تؤكد المصادر بدايتها قبل الميلاد، وإن بعض الأفكار السائدة في الوقت الحاضر ، ترجع أصولها إلى هوميروس الذي ميز بين الجسم الإنساني المادي والوظيفة غير المادية والتي أطلق عليها فيما بعد بالنفس أو الروح Soul, Spirit, Psyche.

يشير فرحان [1] إلى إن مفهوم الروح Soul أدخله سقراط (470 أو 469) ق.م حيث أدرك المعنى العميق للعبارة المنقوشة على معبد دلفي "اعرف نفسك بنفسك".

أما المخطوطة الهندية التي يرجع أصلها إلى القرن الأول قبل الميلاد فتذكر: "النفس تمجد نفسها ، ولا تعتقد أنها دنيئة".

والنفس صديقة نفسها، والنفس أيضاً هي العدوة الوحيدة لنفسها، ولهذا فهي تكبح نفسها بنفسها ، وكذلك فهي تصادق بنفسها وحينما تضل فهي تقهر نفسها، وهي عدو نفسها والعدو الوحيد فكما تهدئ النفس من نفسها فهي أيضاً تخضع وذلك لأنها تستند إلى أساس لا يتزعزع.

فمن خلالها تشعر إن الإنسان كان يفكر في سلوكه فالنفس تفكر وتختار وتقيم .

1) فرحان ، محمد جلوب (1986) النفس الإنسانية ، العراق ، الموصل ، مكتبة بسام ، ص7.

وللمفكرين العرب اهتمام في ذلك، فابن سينا في القرن العاشر الميلادي (980-1037)[1] يرى مفهوم الذات على أنه الصورة المعرفية للنفس البشرية.

أما الغزالي في القرن الحادي عشر الميلادي فيقول إن للنفس خمس واجهات... النفس الملهمة، النفس اللوامة، النفس البصيرة، النفس المطمئنة، والنفس الأمارة بالسوء . اعتبر الأربع منها حميدة، بينما الخامسة غير حميدة.

إن العقيدة الدينية ترى الإنسان مكوناً من الجسم والروح ، والجسم هو الطبيعة المادية المعرضة للتغيير عن طريق المؤثرات الخارجية كالسقوط ، بينما تبقى النفس كما هي ، وهي مركز الرغبة والتفكير والاختيار.

وقد اهتم ديكارت[2] بمسألة الثنائية بين الجسم والروح أو النفس في كتابه مبادئ الفلسفة "عام 1644 حينما أطلق مقولته المشهورة" أنا أفكر إذن أنا موجود" وهذا يعني أنه لا يمكن إنكار وجود الشخص ما زال التفكير واقعاً.

وهذا يدلل على أن هناك تفاعلاً ميكانيكياً بين العقل والجسم .

وقد تكلم بعد ذلك من المفكرين [3] عن سفهوم الذات بكونه الروح Soul تارة، واعتباره الذات Self تارة أخرى أمثال جون لوك Locke (1632-1704) وجورج بيركيلي Berkeley (1685-1753) وهيوم (1740) وتوماس براون Brown (1778-1820) وجيمس ميل Mill (1829) وكانت (1838).

وفي القرن التاسع عشر اتسعت دائرة النقاش حول مفهوم الذات بعد أن أصبح علم النفس علماً معترفاً به يدرس السلوك ويعتبر وليم جيمس (James) نقطة الانتقال بين الطرق القديمة والحديثة في دراسة الذات، وقد حدد أسلوبين لدراسة

1) زهران ، حامد عبد السلام (1980) التوجيه والإرشاد النفسي ، ط2 القاهرة: عالم الكتب ، ص82.

2) Gerger ,J.K - (1971) The Concept of Self. Newyork: Hott- Rinehart and Winston co, p-6.

3) زهران ،حامد، مصدر سابق ، ص82.

الذات، الذات العارفة واعتبرها لا قيمة لها في فهم السلوك إذ هي تتضمن مجموعة من العمليات كالتفكير والإدراك والتذكر ، أما الذات كموضوع وهي الذات التجريبية العملية وتتضمن:

أ-   الذات المادية: وهي تتضمن جسم الفرد وأسرته وممتلكاته.

ب- الذات الاجتماعية : وتتضمن وجهة نظر الآخرين نحو الفرد.

ج- الذات الروحية: وتتضمن انفعالات الفرد ورغباته (غنيم)[1]

وقد أضاف جيمس (James) بعداً آخر يتسم بالشمولية ولا يقتصر على الجانب الجسمي بالمعنى العضوي بل يتعداه ليشمل كل ما يشترك به الفرد مع الآخرين كالعائلة ومحلتنا ومجتمعنا ويطلق عليه بالذات الممتدة (Reflected self) .

وقد ذكر (James) [2] إن للإنسان من الذوات بقدر عدد الذين يعرفونه من الناس فله ذات معينة لزوجته وذات أخرى لأولاده، وذات ثالثة لزميله في العمل، وذات رابعة لربه.

ومن أوائل علماء النفس الاجتماعيين الذي ساهموا إسهاماً فعالاً في دراسة الذات ، عالم النفس الاجتماعي كولي Cooley (1902) ، وهو صاحب الرأي المشهور ، إن المجتمع مرآة يرى الفرد فيها نفسه ومفهوم مرآة الذات "هو أن الفرد يرى نفسه بالطريقة التي يراها به الآخرون" [3] .

---

1) غنيم ، سيد محمد (1975) سيكولوجية الشخصية ، محدداتها ، قياسها ، نظرياتها ، القاهرة : دار النهضة العربية ، ص677.

2) James, w, (1950) The Principles of Psychology- New York : Basic Book ,p.93.

3) سويف ، مصطفى (1966) مقدمة في علم النفس الاجتماعي ، ط3 . القاهرة : دار الفكر العربي ، ص181.

لذلك تنمو الذات من خلال تفاعل الفرد الاجتماعي، وتتكون الصورة عن نفسه من خلال إدراكه لرؤية الآخرين له وتخيله لحكمهم وما يترتب على ذلك من شعور وهو ما يسمى بالذات المنعكسة (Reflected Self) .

ونتيجة لذلك توصل كولي (Cooley) إلى مفهوم الذات الاجتماعية (Group Self) لتفاعله مع المجتمع الذي يعيش فيه ليكون عضواً في جماعة معينة تسودها علاقات متبادلة من التعاون والتآلف ، أو قد يشترك الفرد ضمن المجموعة في فكر معين أو نادٍ معين، وبالرغم من إن سوليفان(Sullivan) يسير في نفس النهج الذي سار عليه كولي (Cooley) وميد (Mead) إلا أنه يختلف عنهما في تأكيده على التفاعل الاجتماعي الخاص المتمثل بالأسرة، وبشكل أساسي الأم أو الأفراد المهمين له ، بينما يؤكد كولي وميد (Cooley and Mead) على تفاعل الطفل مع المجتمع بشكل عام.

أما يونج (Jung) [1] فقد استخدم مصطلح الذات كمرادف لمعنى النفس Psyche أو الشخصية في صورته النهائية في كتابانه المبكرة ، ولكنه استخدم الذات كمركز للشخصية في كتاباته المتأخرة، وهي تربط بين هذه التنظيمات جميعاً على نحو يكفل للشخصية الوحدة والاتزان والاستقرار.

وهناك من يرى أن الاهتمام بدراسة مفهوم الذات قد ضعف في بداية القرن العشرين "حسين [2]، نوق والطحان [3] ويعللون ذلك إلى :

---

1) Jung, c- (1953) Collected Work: Psychology and Alchemy, V-12- New York: Holt, Rinehart and Winston , pp. 217-221.

2) حسين ، محمود عطا (1985) مفهوم الذات وعلاقته الكفاية بالتحصيل الدراسي والتخصص في المرحلة الثانوية السعودية، رسالة الخليج العربي العدد، 16، السنة الخامسة ص282-203.

3) نوق ، محي الدين / والطحان، محمد خالد (1986) دراسة مقارنة لمفهوم الذات بين المتفوقين دراسياً وغير المتفوقين . حولية كلية التربية بجامعة الإمارات – العدد الأول ، السنة الأولى ، ص5-44.

أ- ظهور مدرسة واطسن (Watson) السلوكية في أمريكا التي تصدرت عصرها 1925 حيث أصبح الاهتمام بملاحظة السلوك الخارجي تاركين الحياة الداخلية للفرد، واعتبار التحدث عن الـذات ضرباً من التخمين واللاموضوعية .

ب- إهمال علماء الذات التجريب العلمي الـدقيق ، وتمسكهم بمنـاهج قديمـة (الاستنباط) وعـدم ثقـــتهم بالمنـــاهج الجديــدة ، كـــما أوضـــح ذلــك ديجـــوري (Diggory) خلال مراجعته الواسعة لنظريات الذات .

جـ- هنالك اعتقاد ساد عند عدد من علماء الذات بأنه لا يوجد اسلوب فعال للكشـف عـن مفهوم الذات بشكل دقيق.

وبعد الانشقاق الذي حدث في صفوف السلوكيين التجريبيين عنـدما تبـين لهـم أن بعـض نتـائج التجارب لا يمكن تفسيرها بالاعتماد على التعزيز فقط دون الرجـوع إلى العـالم الـداخلي ، وظهور مدرسـة الجشطالت، بدأ الاهتمام بدراسة الـذات، ويعـد كوفكـا (Koffka) [1] مـن رواد مدرسة الجشطالت الـذي اعترف بوجود الذات والذي اعتبرها لب أو نواة الأنا، حيث تتكون الأنا من الخبرات التي يتعرض لها الفرد ، وقـد تكون هـذه الخبـرات ، خبـرات شـعورية أو لا شـعورية وفي الحالـة الأولى تتكـون الأنا الظاهريـة (Phenomenal Ego).

أما فرويد (Freud) الذي يمثل علماء التحليل النفسي فيعتبر الأنا المرتكز الأساس في بناء الشخصية ، إذ لها دور وظيفي وتنفيذي تجاه الشخصية ، فهـي التـي تـتحكم بـدوافع الفـرد مـن حيـث تفريغهـا أو التحكم بها للموازنة بين ما يفرضه

الواقع من أخلاقيات والدوافع الطبيعية ، أي أن وظيفتها هي التوافق بين الواقع والضمير.

---

1) هول، ك ، ولندزي ، (1971) نظريات الشخصية (ترجمة أحمد فرج وآخرون) القاهرة: الهيئة المصرية العامة للنشر والتأليف، ص 608.

ويمكن القول أن الأجـزاء المتفاعلـة المكونـة للشخصية وهـي الهـو والـذات والـذات العليـا لهـا خصائصها التي تميزها عن بعض بالرغم من أن فرويد يعد الهو الغريزة الوراثية هي الأساس في نشوء الأنا.

ولكن لا يمكن أن يشتغل الهو لوحده دون التفاعل مع العـالم الخـارجي الـذي يظهـره بوضـوح ، لذلك لا يكون شكلاً واحداً وإنما يختلف من شخص لآخر وفق تلـك الغريزة الموروثة، وحصيلة لمتغيرات البيئة المتنوعة التي تشكل السلوك الإنساني للفرد.

ومن العلماء الذين دعموا هذا الانشقاق في المدرسة السلوكية ونظرية الجشطالت ميـد (Mead 1934) [1] الذي يرى مفهوم الذات شيئاً واضحاً ومميزاً لأنه يدرك بالحواس، حيث أكد أن الشخص يستجيب لنفسه لشعور معين واتجاهات معينة مثلما يستجيب الآخرون له.

وتوسع ميـد Mead في شرح مفهوم مـرآة الـذات الـذي بـدأه كـولي Cooley ، فالفرد يستجيب بالطريقة التي يتوقع إدراكها الآخرون .

ويعتقد ميد Mead إن الفرد لا يمتلك ذاتأ واحدة تكون في كل الأحوال، وإنما للفرد عـدة ذوات بحسب الأدوار الاجتماعية التي يقوم بها الفرد فدور الأب له ذاته، ودور الأخ، ودور الصديق ... الخ.

_____

1) لابين ، دلاس وجرين ، بيرت (1981) مفهوم الذات (ترجمة فوزي بهلول) القاهرة: دار النهضة العربية ، ص12.

وقد ميز ميد Mead[1] بين مكونين للذات أولهما الذات المفردة وتمثل دافع الفرد الطليقة غير المقيدة بالمعايير الاجتماعية، وأطلق على المكون الثاني اسم الذات الاجتماعية وهي تمثل المعايير الثقافية التي تشربها الفرد ، وهما مكونان متفاعلان يعدان بمثابة الدافع للسلوك الإنساني.

وتمثل الذات عند ادلر (Adler 1935) [2] تنظيماً يحدد للفرد شخصيته ورؤيته ، وهذا التنظيم يفسر خبرات الكائن الحي ويعطيها معناها وتسعى الذات في سبيل الخبرات التي تكفل للفرد أسلوبه المتميز في الحياة. وإذا لم توجد تلك الخبرات فإنها تعمل على خلقها. وهنا لا بد من الإشارة إلى أنه يفترض أن نجعل الأفراد يدركون أنفسهم بطريقة تبعث على الرضى من خلال تعامل الآخرين معهم، وإشعارهم بالمسؤولية والفاعلية في المجتمع، لفتح الباب أمامهم لتكوين مفاهيم ذات إيجابية .

أما لاند هولم (Landholem 1940) [3] فقد ميز بين النظرة إلى الذات من خلال الذات ، والنظرة إلى الذات من خلال ما يراه الآخرون إليه ... وسميت الأولى بالذات الذاتية، وهي الرموز التي يدركها الفرد بنفسه مثل الكلمات أي ما يعتقده الشخص تجاه نفسه، أما الموضوعية فإنها تتكون من الرموز التي يكونها الشخص من خلال ما يراه الآخرون فيّ.

وفي سنة 1943 استعمل مفهوم الذات لأول مرة بواسطة فيكتور ريمي والذي يعد من أنصار المدرسة الظواهرية في رسالته للدكتوراه وعنوانها The self concept as a factor in counseling and Personality organization. فهو يقول أن

مفهوم الذات لا يزيد عن كونه هدفاً مدركاً منظماً ناتجاً من حاضر وماضي الملاحظة الذاتية ، إنه ما يعتقده الفرد عن نفسه أي الخريطة التي يرجع إليها الإنسان لفهم نفسه وخاصة أثناء لحظات الأزمات

---

1) جلال ، سعد(1987) المرجع في علم النفس ، القاهرة: دار الفكر العربي ، ص133.

2) هول ولندزي ، مصدر سابق ، ص161.

3) المصدر السابق نفسه ص603.

وتلك التي تتطلب الاختبار ويتكون من أفكار الفرد ومشاعره، آماله، ومخاوفه ووجهات نظره عن نفسه وما سيكون عليه.

شاين (Chein, 1944)[1] حاول تحديد مصطلحا الذات والأنا فيرى أن الذات هي محتوى الوعي ، وليست موضوعاً له كالجسد ، وليس لها وجود واقعي خارج هذا الوعي. فهي لا تقوم بأي عمل لأن ذلك من نصيب الأنا.

فالأنا بناء واقعي معرفي ينبني حول الذات فهي تدافع عن الذات، وعندما يتعرض الذات للخطر تقوم الأنا لنجدتها.

برتوشي (Berttocci, 1945) [2] يرى الأنا كعملية أما الذات كموضوع الأنا، والذات عند برتوشي موحد ومركب للإحساس والتذكر والتصور والإدراك والحاجة والشعور والتفكير والذات عنده تقابل الأنا عند فرويد.

أما ليكي (Lecky, 1945) [3] صاحب نظرية اتساق الذات (Self Consistency) فيقول أن فكرة الفرد عن نفسه وعن العالم المحيط به تتحدد في نظام متسق موحد من القيم والمفاهيم التي تحدد شخصية الفرد، والتي هي نتاج للخبرات التي مر بها.

لذلك فإن الحاجة الأساسية لدى الفرد هي المحافظة على وحدة واتساق مفاهيم وقيم الذات .

1) هول ولندزي(1971) مصدر سابق ، ص607.

2) المصدر السابق نفسه ، ص 515.

3) Epstein , s, (1980) Personality , Basic Aspects and Current Research. Prentice Hall Inc,p.91.

يتضح من ذلك أن ليكي يتحدث عن مفهوم الذات العام، ولا يحلل إلى مكوناته كمفهوم الـذات الواقعي (المدرك) والاجتماعي والمثالي والخاص.

ويعتقد شريف وكانتريل (Sherif & Cantril, 1947) [1] الأنا بأنها مجموعة من الاتجاهات من نوع ما أظنه في نفسي، ما أعطيه قيمة، ما هو لي ، وما أتعين به، ويقولان إذا تعرض الاعتبار الـذاتي عنـد شخص لمأزق فإن مواقف الأنا تكون في حالة التحضر إلى أن تدفعه لبذل جهد أكبر وعمل أكثر.

ويعرف مورفي (Murphy, 1947) [2] الـذات عـلى أنها مـدركات الفـرد ومفاهيمـه فيـما يتعلـق بوجوده الكلي أو كيانه . أي الفرد كما يدرك نفسه ، وفي رأيه أن الأنا Ego عبارة عـن جهاز مـن الأنشطة المعتادة التي تدعم الـذات أو تحميها عـن طريـق اسـتخدام ميكانيزمـات معينـة مثـل التبريـر والتقمص والتعويض .

هيلكارد (Hilgard, 1949) [3] وصف الذات أمام الجمعيـة النفسـية الأمريكيـة عـام (1949) بأنهـا شيء لا يمكن الاستغناء عنه للوصول على فهم كامل لميكانيزمات دفاع الأنا الفرويدية، وهي صورة الإنسـان عن نفسه.

ولمعرفة طبيعة صورة الأنا أو مفهوم الذات يرفض الأسلوب المباشر عما يظنه الفرد عـن نفسـه ، لأن العوامل اللاشعورية يمكن أن تشوه صورة الذات الواعية ، وهو يفضل اسـتنتاجها عـن طريـق الوسـائل الاسقاطية أو المقابلات

الاكلينيكية ، ويرى أن مفهوم الذات له شقان كعملية وكموضوع فالسلوك شيء تحدده الذات كليـة، وهـو ليس نتاج الذات وحدها بل نتاج لعمليات نفسية مركبة تثيرها منبهات قريبة وبعيدة لا يدركها الشخص.

---

1) لابين وجرين ، مصدر سابق ، ص12.

2) Murphy, M. (1986) A Comparison of characteristic of school behavior and anxiety of military dependent children and non military children with father present or absent. Dissertation Abstracts International ,47,8 December ,1986 –pp.66-69.

3) هول ولندزي ، مصدر سابق ، ص506- 606.

سنيج وكومز (Snygg and Combs, 1949) [1] وهما من أنصار مذهب الظواهريات فقد ذهبا إلى أن السلوك كله بدون استثناء يتوقف على المجال الظاهري الذي هو الكون مثل ما يبديه في لحظة ما، والمجال الظاهري يتغير بتغير الحاجات والأنشطة المتصلة به.

ويعتبر أن مفهوم الذات الجانب الأكثر أهمية والأكثر تحديداً للمجال الظاهري.

كما يرى سنيج وكومز [2] أن كل سلوك يتحدد بحاجته للحفاظ على ذاته . ويعرفان مفهوم الذات بأنه تلك الأجزاء في المجال الظاهري التي يميزها الفرد بأنها خصائص لنفسه تتميز بالثبات الجزئي.

وقد اعتبرا الذات موضوعاً وعملية في آن واحد، وقد وضحا سبب اعتبارها كذلك من خلال المثال الآتي:

الصخرة تتكون من جزئيات معينة، وتكون بذلك ناتجاً، ولكنها بحكم وجودها تؤثر في العالم من حولها ، أو في العالم الذي تقع فيه، وبذلك تكون أيضاً عملية ديناميكية، وبالطريقة نفسها تتكون الذات من إدراكات تتعلق بالفرد ولهذا التنظيم من الادراكات آثار حيوية ومهمة على سلوك الفرد.

---

1) غنيم ، سيد محمد، مصدر سابق ، ص 687.
2) جلال ، سعد، مصدر سابق ، ص32.

ويلتقي سنيج وكومز مع ليكي فكل منهما لا يحللان مفهوم الذات إلى العناصر المكونة له مثل مفهوم الذات المدرك، الاجتماعي، المثالي الخاص . لكنهما يختلفان في أن سنيج وكومز يعتبران محتويات مفهوم الذات شعورية بينما ليكي يعتبر مكونات مفهوم الذات شعورية أو لا شعورية.

لذلك يمكن القول أن مفهوم الذات عند ليكي أوسع من مفهوم الذات لدى سينج وكومز، إذ أن المحتويات اللاشعورية يمكن استحضارها من خلال عملية التحليل النفسي .

أما كاتيل (Cattel, 1950) [1] فيرى الذات هي الأساس في ثبات السلوك البشري وانتظامه .

وقد قسم الذات إلى قسمين الذات الواقعية Real Self وهي الذات الحقيقية أو العقلية ، أما الذات المثالية فهي ذات الطموح. إن الذات العقلية أو الحقيقية هي التي تمثل حقيقة الفرد وكما يقرُّ بها ، أما الذات المثالية فهي كما يود الفرد أن يرى نفسه.

سيموندس (Symonds, 1951) [2] نشر كتابه الأنا والذات وأكد فيه أن الأنا هي مجموعة من العمليات النفسية أما الذات فهي الأساليب التي يستجيب بها الفرد لنفسه، أو هي الطريق أو الكيفية التي يتصرف بها الشخص مع نفسه، وتتكون الذات من أربعة جوانب هي كيف يدرك الفرد، ويقيم سلوكه ، وكيف يحاول من خلال مختلف الأعمال تعزيز نفسه أو الدفاع عنها، وما يعتقده أنه نفسه، والذات طبقاً لسيموندس ربما تكون شعورية، أو لاشعورية، وبذلك فهو يحذر من أن اعتبار

1) غنيم ، سيد محمد، مصدر سابق ص274.

2) هول ولندزي ، مصدرسابق ، ص602.

ما يقولـه الشخص عن نفسه، هو تعبير مضبوط عن حقيقة مشـاعره معـززاً سيمونـدس مـن كلامـه هـذا نتائج تجارب دولف 1933، 1953 وهنتلي (1940) التي أكـدت أن التقيـيم الشـعوري يختلـف عـن التقيـيم اللاشعوري للذات.

ساربين (Sarbin, 1952) يرى الذات بناءاً معرفياً يتكون من أفكار الشخص عـن مختلـف نـواحي وجوده فمفهومه عن جسمه (الذات البدنية) ومفهومه عن أعضاء الحس لديه (الـذات الحسـية) وعـن سلوكه الاجتماعي (الذات الاجتماعية)، ويعتقد ساربين أن هذه الذوات تتكون من شـكل ارتقـائي مـنظم .. الذات البدنية أولاً ثم الذات الحسية وأخيراً الذات الاجتماعية .

أما سوليفان (Sullivan, 1953) [1] فيتفـق مـع كـولي وميـد في كـون الـذات تتسـق مـن التفاعـل الاجتماعي.

ويرى نظام الذات الذي يعد بناءاً من النواهي والضوابط التي توجه سلوك الفرد، بمـا يحقـق لـه الأمن ويجنبه القلق والتوتر منذ الطفولة . حيث يمتثل لرغبات والديه تجنبـاً للقلق الناشـئ مـن فقـدان حبهما ، فيصطنع لنفسه ضوابط السلوك التي تشكل "نظام الذات " ويسلك وفقاً للقيم الاجتماعية.

ولا بد من الذكر أن سوليفان يعطي اهتماماً كبيراً لتفاعل الطفل مع الناس ذوي الأهمية الخاصة كالأم والأب في حين يؤكد كل من كولي وميد على ضرورة التفاعل مع المجتمع بشكل عام.

البورت (Allport, 1957) [2] اسـتخدم مصطلح الجوهـر proprium بـدلاً مـن الـذات أو الـذات الممتدة المميزة ، والجوهر طبقاً لالبورت تمثل مكاناً مهماً في

---

1) جلال ، سعد، مصدر سابق ، ص321.
2) المصدر السابق نفسه.

نظريته عن الشخصية ، وسبب عدم استخدام الذات هو لتجنبه قابلية استخدام هذا المصطلح في اكثر من مرة.

أما كارل روجرز[1] فالذات عنده مفهوم مركزي حتى أن نظريته يطلق عليها نظرية الـذات الشخصية ، والذات أو مفهوم الذات المصطلحان متكافئان بالنسبة لروجرز هي كل منظم ومنسـق يتكـون من إدراك خصائص الأنا وإدراك العلاقة بين أنـا والآخـرين وبالجوانـب المتنوعـة للحيـاة سـوية مـع القيم المرتبطة بتلك الادراكات، ونتيجة للتفاعل مع البيئة وجزءاً من هذه المدركات يتمايز تدريجياً ليكون الذات والذات المدركة هي " مفهوم الذات تؤثر في الإدراك والسلوك ، أي تفسير الذات كونها قوية أو ضعيفة.

ويقول روجرز أن كل فرد يوجد في عالم من الخبرة خاص به، وهو عالم متغير، وعندما تكون هذه الخبرة شعورية فإنها تختص بعالم الرموز ، والعالم الخاص بالفرد الذي يدركه هو عالم لا يعرفه بمعنى أصيل وكامل إلا الشخص نفسه.

ويتلخص العلاج حسب نظرية روجرز في قبول المعالج للمسترشد بشكل غـير مشروط لكـل مـا يقوله ، وعليه توفير الجو المناسب ليعبر المسترشد عن حياته الخاصة بشكل حر، وما المعالج إلا أن يحيطـه بجو اجتماعي كفيل يجعله معبراً عن مشاعره ودوافعه، وإن يصل إلى قبول هذه المشاعر وهذه الدوافع.

ويرى روجرز كذلك أن الكائن الحي يستجيب إلى المجـال الظاهري ككـل مـنظم كـما يخبره ويدركه ، أما السلوك في أساسه فيهدف إلى إشباع الحاجات التي

1) Mischel, w. (1976) Introduction to Psychology. New York : Holt Rinehart Winston p.102

يدركها الفرد في مجاله الظاهري ، ويرى أن الحاجات مترابطة فيما بينها ، فبالرغم من تعدد الحاجات إلا أنها في النهاية هي لحفظ الذات وتدعيمها.

ويقول روجرز أن سوء التوافق النفسي ينشأ حيث يمنع الكائن الحي عدد من خبراته الحسية والحشوية ذات الدلالة من بلوغ مرتبة الوعي، فالشخصية لا يمكنها أن تحقق نفسها إذا لم تكن الخـــــــــبرات حقيقيـــــــــة بالنســـــــــبة للـــــــــذات الواقعيــــــــة (زهران) [1] .

ومن الإضافات لنظرية روجرز التي حددت اتجاهه نحو المذهب الإنساني تأكيده لأهمية توفر المناخ النفسي المشبع بالحب والتقبل والحرية ، الذي يساعد الفرد على النمو والصحة وتحقيق الكمال، كما نادى روجرز بحرية التعبير عن الذات، واستقلال شخصية الفرد، وتفردها. أن دور العلوم السلوكية الآن، ومن وجهة نظر روجرز ، هو خلق الأساليب والنماذج التي تتيح للفرد أن يمارس حريته وتساعده على تكوين شخصيته منفردة، ومبتكرة، وتساعده على أن يجد ذاته، ويتقبلها ويحقق أهدافها ، ويسمو بها نحو الكمال.

فالعلوم السلوكية مطالبة الآن أن توفر للإنسان أساليب التوافق النفسي المناسبة للعصر، حتى يســـــــتطيع أن يواجــــــه المشـــــــكلات المتجـــــــددة، روجـــــــرز (Rogers) [2] وهكذا أظهر روجرز نظامين في بناء الشخصية وهما الذات (مفهوم الذات) والكائن الحي، وقد يتداخل هذان النظامان أحدهما بالآخر في تعارض أو انسجام ومن هنا يكون التوافق أو سوء التوافق. فعندما لا يتطابق الكائن الحي مع

---

1) زهران ، عبد السلام حامد ، مصدر سابق ، ص86.

2) Rogers, C.R. (1951) Client Centered Therapy. Boston : Houghton Mifflin- P.451.

مفهوم الذات تؤدي إلى سوء التوافق ، وفي هذه الحالة تفقد الذات اتصالها مع الخبرة الواقعية الحقيقية للكائن الحي ، وتشحن بالتوترات .

ويعتقد روجرز أن الخبرات ا لتي لا تتسق مع الذات قد يدركها الشخص كتهديدات وبالتالي يصبح مفهوم الذات أقل اتفاقاً وانسجاماً مع الواقع الفعلي للكائن الحي .

وكلما تطور الوعي بالذات كلما نمت الحاجة إلى الاعتبار الإيجابي ، لأن هـذا الاعتبار لا يقتصر على ذلك المتأتي من الآخرين ، ولكن المتأتي من ذاته أيضاً.

ويرى إسماعيل [1] انه لا يمكن أن نفهم الشخصية أو السلوك بشكل عام بلا مفهوم الـذات ، فـلا يقتصر تفاعل الإنسان مع البيئة من الناحية السيكلوجية على مجرد صدور الاستجابات ، ومـا يرافقهـا مـن عملية تعلم أو تعديل لهذه الاستجابات ، بـل إن هـذه الاستجابات ذاتها تصبح ضـمن متغيرات البيئة الأخرى موضوعا لإدراكه وتصوره وانفعاله ، ومفهوم الذات يعتبر متغيرا هاما من متغيرات الشخصية ، ولا نستطيع أن نفهم سلوك الفرد إلا في ضوء الصورة الكلية التي يكونها الفرد عن نفسه، ومفهوم الذات ينشـأ عن طريق تعميم الخبرات الانفعالية الإدراكية على الفرد باعتباره جزءاً مـن المجـال الكـلي الـذي يتفاعـل معه بنفس الطريقة التي يكون بها الفرد المفهومات الأخرى عـن العـالم المحـيط، ولـيس مـن الضـروري أن يكون هذا المفهوم على المستوى الشعوري .

1) إسماعيل، محمد عماد الدين (1961) كراسة تعليمات اختبار مفهوم الذات للكبار . القاهرة : مكتبة النهضة المصرية، ص2-5.

ومن أهم التطورات الحديثة في نظرية الذات ما قدمه فرنون (Vernon)[1] الذي قسم الذات إلى مستويات هي:

1- الـذات الاجتماعيـة أو العامـة (Social or Public Self) التـي يعرضـها الفـرد للمعـارف والغرباء والأخصائيين النفسيين .

2- الذات الشعورية الخاصة (Conscious Private Self) كمـا يدركها الفرد عـادة، ويعـبر عنها لفظياً ويشعر بها، وهذه يكشفها الفرد عادة لأصدقائه الحميمين فقط.

3- الذات البصيرة (Insightful Self) التي يتحقق منها الفرد عـادة عنـدما يوضـع في موقـف تحليلي شامل مثل ما يحدث في عملية الإرشاد والعلاج النفسي الممركز حول المسترشد.

4- الذات العميقة (Depth Self) (أو المكبوتة) التي تتوصل إلى صورتها عـن طريق التحليـل النفسي .

وهكذا تتخذ الذات عند فرنون شكل مستويات متدرجة من أعلى إلى أسـفل وذلك لمـا تتضمنه من محتويات شعورية ولا شعورية . فالذات الاجتماعية العامة تمثل المستوى الأعلى، ويـأتي بعـدها الـذات الشعورية الخاصة، فالذات البصيرة وأخيراً الذات العميقة.

ويعتقد زهران [2] أن مفهـوم الـذات هـو تكوين معرفي مـنظم ومتعلم للمـدركات الشعورية والتقييمات الخاصة للذات يصوغه الفرد كتعريف نفسي لذاته.

1) زهران ، حامد عبد السلام ، مصدر سابق ، ص86.
2) زهران ، حامد عبد السلام (1977) الصحة النفسية والعلاج النفسي ، ط2. القاهرة : عالم الكتب ، ص179.

ويتكون مفهوم الذات من أفكار الفرد الذاتية المتسقة المحددة الأبعاد عـن العناصر المختلفة لكينونته الداخلية والخارجية.

وتشمل هذه العناصر المدركات والتصورات التي تحدد خصائص الذات كما تـنعكس إجرائياً في وصف الفرد لذاته كما يتصورها هو الذات المدركة (Perceived Self) ، والتصورات والمـدركات التي تحدد الصورة التي يعتقد أن الآخرين يتصورونها، والتي يتمثلها الفرد من خلال التفاعل الاجتماعي مع الآخرين، الذات الاجتماعية (Social Self) والمدركات والتصورات التي تحدد الصورة المثالية كما يود أن تكون الـذات المثالية (Ideai Self) .

ثـم أضـاف زهـران بعـداً جديـداً هامـاً للـذات سـماه مفهـوم الـذات الخـاص (Private Self concept) وهو يختص بالجزء الشعوري السري جداً أو العوري ، أي الخبرات الشخصية السرية للذات والتي يخجل الفرد منها ولا يستطيع البوح عنها.

نستشف من ذلك أن الفرد مكن أن يكشف عن مفهوم الذات المدرك والاجتماعي والمثالي بدون اللجوء إلى حيل الدفاع ، ولكن من الصعب جداً الكشف عن مفهوم الذات الخاص، فمن السهل للفرد أن يقول أن له زوجاً أو زوجة ، لكنه من الصعب أن يقول أن له عشيقاً أو عشيقة.

وفي إطار المنحى الإنساني ، قدم عبد الغفار [1] إطاراً نظرياً جديداً يقوم على أسـاس عـدد مـن المسلمات الأساسية ، وهي أن الإنسان يتميز عن غيره مـن المخلوقـات بتكوينـه العقلـي ، كـما أن الإنسـان بطبيعته خير، وأن حريته وارادته وقيمه وفلسفته وجوانبه الروحية هم محددات إنسانية ، ثـم قـدم عـبد الغفار مفهوم

---

1) عبد الغفار، عبد السلام (1980) مقدمة في الصحة النفسية. القاهرة: دار النهضة العربية ، ص204.

إرادة الوجود ويقصد بها تلك القوة الدائمة الدفع والتوجيه والتنظيم لنشاط الفرد ، بغية تحقيـق وجوده والوصول إلى مستوى مناسب من الإنسانية الكاملة .

ويرى راجح ⁽¹⁾ أن مفهوم الذات هو فكرة الفرد عن نفسه أي الصورة التـي يكونهـا عـن نفسـه بنفسه من خلال ما تتسم به من صفات وقدرات جسمية وعقلية وانفعالية بالإضافة إلى القيم والمعايير الاجتماعية التي ينتمي إليها، كما يذكر الطموح ، فهو الذي يوجه الفرد في اختيار أعماله وأصدقائه وزوجته ومهنته والكتب التي يقرأها والأماكن التي يرتادها ... ويقول أيضاً أن من بـين أسـباب استصغار الـذات أو كرهها بعد الشقة بين ما يرغب فيه الفرد وبين ما يقدر عليه بالفعل، مما يولد الشعور بـالنقص أو العجـز والشعور بالذنب.

مما تقدم يمكن استخلاص النقاط التالية:

١- أكدت الدراسات السابقة على أن الذات موضوع وليس عملية ويظهر ذلك جلياً عند جيمس عندما اعتبر الذات كموضوع وهي الذات التجريبية العملية، كذلك أكد على ذلك كل من شاين وهيلكارد وسيموندس وروجرز ، وقد استخدمت كثير مـن التعبيـرات في النظريـات الذاتيـة مثـل المـدركات الذاتية ، والتقييمات الذاتية، والنقد الذاتي ، وشعور المرء بارتياح نحـو ذاتـه التـي تشـير إلى مفهـوم الذات كموضوع.

٢- تتكون الذات من الصورة المنعكسة عن الآخرين ، والصورة التي يراها الفرد عـن نفسـه، وهـذا مـا أكد عليه كولي الذي يرى المجتمع مرآة يرى الفرد فيها نفسه والتي توسع فيها كل من ميـد Mead، ساربين Sarbin، سوليفان Sullivan.

١) راجح، أحمد عزت (1985) أصول علم النفس . القاهرة : دار المعارف ، ص132.

3- يختلف المفكرون في نظرتهم إلى كيفية معرفة مفهوم الذات . روجرز يؤكد على التقرير الذاتي (Self report) فقد أشار إلى أن أحسن حال ممكن لفهم السلوك هو من خلال الإطار المرجعي الـداخلي للفرد نفسه ، بينما يـرفض هليكـارد الأسـلوب المبـاشر فيما يظنه الفـرد عـن نفسـه لأن العوامـل اللاشعورية يمكن أن تشوه الذات ، لذلك يميل الأخير إلى استخدام الوسائل الاسقاطية أو المقابلات الاكلينكية ، وهذا ما يؤكد عليه فرويد.

4- يظهر من خلال نظرة روجرز إلى النفس، التفاؤل على مستوى الفرد الذي قد لا يلمس عند فرويـد ، حيث يعتقد روجرز إن الإنسان يستطيع شعورياً وعقلانياً أن يـتحكم في نفسه، وأن يتحول مـن الأساليب غير المرغوبة في الفكر والسلوك إلى الأساليب المرغوبة ، حيث لا يؤمن روجـرز بـأن الفـرد محكوم بالقوى اللاشعورية أو بخبرات الطفولة المبكرة.

إن في هذه تأكيداً على الجانب الذاتي دون اعتبار الجانب الموضوعي من خلال إعطـاء الفـرد الحـق في تقرير مصيره وفقاً لإدراكه الذاتي.

وقد يسلك سلوكاً غير مقبول ، وليس له الحق في أن يؤثر في الآخرين من خلال السلوك الخاطئ.

5- إن مفهوم الذات بحد ذاته لا يمكن ملاحظته ، ولكن يمكن الاستدلال عليه مـن خـلال السـلوك، وهو ينمو مع الخبرة والتفاعل الاجتماعي مع الآخرين وخاصة القريبين منه.

6- لا يوجد اتفاق بين المهتمين في هذا المجال على الذات والأنا ففرويد أكد على الأنا وأغفل الـذات ، ومنهم من ركز على فكرة الذات مثل جيمس،

ولاند هولم وميد وكولي، وهناك من يدمج بين نظرية فرويد للتحليل
النفسي وبين النظرية الاجتماعية لميد.

7- هنالك اتفاق بين المهتمين على أن ماهية مفهوم الذات متعلم وليس وراثي، ولكن الاختلاف في
نوعية الفكرة التي يحملها الفرد تجاه ذاته هل هي شعورية ؟ أو شعورية وغير شعورية فمثلاً
ذهب سينج وكومز (1949) وروجرز (1951) إنها فكرة شعورية بينما ذهب ليكي أن كون الفكرة
التي يحملها الفرد تجاه ذاته شعورية وغير شعورية ويتفق معه إسماعيل 1961 وزهران 1977.

8- إن بعض المهتمين يعرفون مفهوم الذات بصورة إجمالية دون تحلله أو تفككه إلى عناصر
ومستويات مثل سينج وكومز وليكي بينما يحلله آخرون مثل جيمس 1950 وساربين 1952.

9- إن العوامل التي تؤثر في مفهوم الذات كثيرة ومتشعبة ، فهو يتأثر بالوراثة والبيئة والجغرافية
والمادية والاجتماعية، ويتأثر بالأفراد المقربين له كالأب والأم ، والمعلم، والأقران ، ويتأثر كذلك
بالنضج والتعلم، ويتأثر بالحاجات والأمن، والحب، احترام الذات، تحقيق الذات ويتأثر
بالمعتقدات والقيم والاتجاهات، والأخلاقيات ، وهذه عرضة للتغير ، فما زالت هذه عرضة
للتغير.. إذن يمكن أن يتغير مفهوم الذات عند الفرد وخاصة في المراحل العمرية الأولى من خلال
التدخلات العلمية والموضوعية .

10- تأكيد بعض العلماء والباحثين على الاتجاه الاجتماعي في تفسير مفهوم الذات ومنهم يونج
(1931) ، وميــــــــــــــــــــد (1934) واســـــــــــــــــــماعيل (1961)، وزهــــــــــــــــــــران
(1978)، بينما أكد آخرون في تفسير الذات على التحليل النفسي- كفرويد وكوفكا الذين ركزوا
بشكل أساسي على الأنا التي تعد المحرك والمسيطر

فيذات الوقت على الدوافع، ومنهم من أكد على
الاتجاه الظاهراتي
(Phenomenology) في تفسير مفهوم الذات والذي
يتميز بأنه يركز على العالم كما يدركه الفرد أو على
العالم الذاتي للشخص كما في ذلك إدراك الفرد لذاته
مثل سنيج وكومز (1949)، سيموندس(1951) ، روجرز
(1951)، وقسم آخر جمع بين الاتجاه الاجتماعي
والاتجاه الظاهراتي مثل راجح
(1985).

11- ذكر عبد الغفار (1980) أن الإنسان خير بطبيعته. وأرى أن النفس الإنسانية تتكون مـن مجموعـة
من العناصر المتضادة، ففيها مثلاً عنصرا الخير والشر بدليل قولـه تعـالى "ونفس ما سواها فألهمهـا
فجورها وتقواها، قد أفلح من زكاها وقد خاب مـن دسـاها" كـما أن عنصر ـ الخـير أكـثر تجسـيداً
للعقل الذي يحتاج إلى إرادة ومجالدة ، بينما يكون عنصر الشر أكثر تجسيد للعاطفة التي تكون
سهلة وأكثر طواعية للأفراد وخاصة لصغار السـن ، إن مفهوم الـذات مصـطلح نفسي ـ يعـبر عـن
مفهوم افتراضي يشتمل على جميع الآراء والأفكار والمشاعر والاتجاهـات التـي يكونهـا الفـرد عـن
نفسه فضلاً عن المعتقدات والقيم والقناعات والطموحات المستقبلية التي تتـأثر إلى حـد كبـير في
النواحي الجسمية والعقلية والانفعالية والاجتماعية.

يدرك مفهوم الذات الافتراضي من خلال رؤية الفرد لنفسه ورؤية الآخرين له ، وما يرتبط بـه مـن
متغيرات كثيرة بيئية ووراثية ، وقد لا تمثل هذه الإدراكات التي يتوصل إليها الفرد حقيقـة كنـه،
وقد تكون هذه الصورة هي النموذج الذي يرغبه الفرد. ولا بد من الذكر إن الفروع التي تتفـرع
من مفهوم الذات العام لا يمكن أن تستقل بشكل مطلق . وإنما تتأثر كل منهـا بـالأخرى ، فيتـأثر
مفهوم الذات الجسمي بمفهوم الذات الاجتماعي ، كما يتأثر

مفهوم الذات النفسي بالجسمي والاجتماعي، ويتأثر مفهوم الـذات المـدرك والاجتماعـي بمفهـوم الذات المثالي.

وليس بالضرورة أن يكون مفهوم الذات المثالي واقعياً إذ قد يكون غير واقعي ، وكلما كان مفهـوم الذات المدرك هو المسيطر فيكون مفهوم الذات المثالي أكثر واقعية لأنه بني على تقييمات واقعية لكفاءات الفرد وقدراته.

الفصل الثاني

- الإطر النظرية لمفهوم الذات
- سمات مفهوم الذات
- تشكيل مفهوم الذات
- أبعاد مفهوم الذات
- وظائف مفهوم الذات

الأطر النظرية لمفهوم الذات:

تبين من خلال ما سبق في الفقرة (أ) تعدد التعريفات المتعلقة بمفهوم الذات، ولم يكن هناك تعريـف واحد يتفق عليه المهتمون، ومن الطبيعي أن تختلف وجهات النظر حول الإطار النظري لمفهوم الذات.

ومن أقدم وجهات النظر .. تلك التي تعتبر مفهوم الذات أحـادي البعـد Undimensional Construct ، ولاقت وجهة النظر هذه القبول والتأييد من عدد من الدارسين مثل روزنبرك Rosenberg[1] .

أما وجهة النظر الثانية فتعتبر مفهوم الذات نموذجاً هرمياً (Hierarchical Model) وقـد اقترحـت من قبل شافلسون وزملائه (Shavelson et al) [2] ولاقت وجهة النظر هـذه قبـول عـدد مـن الدارسـين مثل (Byrne) [3] ويقترح هذا الإطار أن المفاهيم المتعددة الجوانب يمكن أن تشكل هرماً ، قمته مفهوم الـذات العام، وقاعدته خبرات الفرد في المواقف الخاصة والشكل التالي يوضح ذلك.

1) Rosenberg, M (1979) Conceiving The Self New York : Basic Book Inc.

2) Shavelson , R (et al) . (1976) Self concept validation of construct Interpretation. Review of Educational Research – 46-3 Pp. 407-441.

3) Byrne, B.A. (1984) The general academic self concept nomological network: A review of construct validation research . Review of Educational Research. 54. 3, Pp-427-456.

شكل يبين أبعاد مفهوم الذات

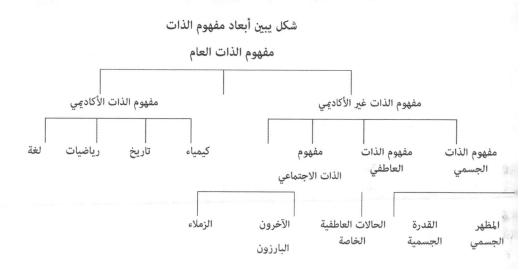

مفهوم الذات العام

مفهوم الذات الأكاديمي

مفهوم الذات غير الأكاديمي

لغة   رياضيات   تاريخ   كيمياء

مفهوم الذات الاجتماعي   مفهوم الذات العاطفي   مفهوم الذات الجسمي

الزملاء   الآخرون البارزون   الحالات العاطفية الخاصة   القدرة الجسمية   المظهر الجسمي

أما وجهة النظر الثالثة فتعتبر سفهوم الذات نموذجاً تصنيفياً (Taxonomical Model) وهذا النموذج مماثل لنظريتي سبيرمان وثيرستون للذكاء حيث يفترض وجود عامل لمفهوم الذات بالإضافة إلى وجود مجموعة من العوامل الخاصة والتي تعتبر عوامل شبه مستقلة ، وهناك العديد من الدراسات أجريت وفق الإطار التصنيفي لمفهوم الذات حيث ذكر بايرن (Byrne,1984) [1] عدة دراسات مثل ليلمر (Lillemer) وماركس وواين(Wine and Marx) وسورس وسورس (Soars and Soars).

1) Byrne مصدر سابق ص 427-465.

أما وجهة النظر الرابعة فكانت لواين وماركس (Wine and Marx) [1] وتعتبر مفهوم الذات نموذجاً تعويضياً (Compensatory Model)، وهذا النموذج يتفق مع النموذج الهرمي والتصنيفي في تأييده فكرة وجود العامل العام لمفهوم الذات، يرى هذا النموذج أن التدني في أحد جوانب مفهوم الذات يقابله تعويض في جانب آخر. وقد لاحظ كل من واين وماركس (1981) إن من يدرك نفسه أنه في مستوى أقل نجاحاً في المستوى الأكاديمي يميل لإدراك نفسه وكأنه في مستوى أكثر نجاحاً في الجوانب الجسمية والاجتماعية ، ومن يدرك نفسه متفوقاً في الجوانب الجسمية والاجتماعية يميل لإدراك نفسه أقل تفوقاً في الجانب الأكاديمي.

وهذا ما يؤيد الفرضية القائلة بأن إدراك الذات بالفشل وعدم الرضا في جانب ما يرافقه إدراك الذات بالنجاح والرضا في جانب آخر.

ويرى الكاتب من خلال وجهات النظر السابقة، أنه لا يمكن القبول بأن مفهوم الذات أحادي الجانب وقد يكون النموذج الهرمي أكثر تحقيقاً لمفهوم الذات، وذلك لأنه يزداد ويتسع نتيجة للعمر، والنضج والتعلم والأدوار ، وهذا لا يعني أن نرفض النموذج التعويضي ـ لأن الفرد قد يحتاج إلى تعويض حالة الفشل والإخفاق في جانب ما ليحقق نجاحاً في جانب آخر أقدر على تحقيقه نتيجة للسمات التي تتلاءم مع ذلك الجانب ، لكي يحقق التوازن الذي هو إحدى وظائف مفهوم الذات.

كما أنه لا يمكن الفصل تماماً بين الفروع التي تشكل مفهوم الذات سواءاً التصنيف الذي اعتمد على (الجوانب الجسمية والعقلية والانفعالية والاجتماعية) أو الأكاديمي وغير الأكاديمي . إذ إن كل منهما يؤثر في الآخر بدرجات متفاوتة وهي جميعاً تصب في مفهوم الذات العام.

---

[1] المصدر السابق نفسه.

فعند تحسن مفهوم الذات الأكاديمي في الرياضيات مثلاً ينعكس ذلك على موضوع العلـوم أكـثر من انعكاسه على مفهوم الذات الاجتماعي (غـير الأكاديمي)، كـما أن تحسـن مفهـوم الـذات العـاطفي أو الجسمي ينعكس بشكل إيجابي عـلى مفهـوم الـذات الاجتماعـي أكـثر مـن انعكاسـه عـلى مفهوم الـذات الأكاديمي بمواضيعها المختلفة.

سمات مفهوم الذات:

هنالك باحثون كثيرون تحدثوا عن خصائص مفهوم الذات. شافلسون وزمـلاءه (Shavelson et al) [1] شافلسون وبولس (Shavelson and Bolus) [2] حددوا مفهوم الذات بعدد من الخصائص.

1-   مفهوم الذات منظم(Organized) أن الفرد يـدرك ذاتـه مـن خـلال الخـبرات المتنوعـة التـي تـزوده بالمعلومات ، ويقوم الفرد بإعادة تنظيمها حيث يصوغها ويصنفها وفقاً لثقافته الخاصة.

فهي طريقة لإعطاء الخبرات التي يمر بها الأفراد معنى فالطفل مثلاً ينظم الخـبرات التـي يمـر بها والخاصة بعائلته ، أصدقائه مدرسته، أقرباته.

فأول خاصية لمفهوم الذات هو أنه بناء منظم يصـنف فيـه النـاس المعلومـات التـي لـديهم عـن أنفسهم في فئات ويربطون هذه الفئات بعضها ببعض.

---

1) Shavelson, 1976 مصدر سابق pp. 407-441

2)Shavelson , R. and Bolus, R. (1982) Self concept the interplay of theory and method . Journal of Educational Psychology. 74, 1, pp.3-17.

إن عملية تنظيم الخبرات ليست بشكل واحد ومحتوى واحد وإنما تختلف تبعاً للمتغيرات البيئية التي يتعرض لها الفرد التي تمثل ثقافته الخاصة، لكنهم يشتركون معاً في عملية تنظيم الخبرات والتي تعد إحدى خصائص مفهوم الذات.

2- مفهوم الذات متعدد الجوانب (Multifaceted)

ما زال الفرد يصنف الخبرات التي يمر بها إلى فئات ، وقد يشاركه الكثير في هذه التصنيفات ، إذا لمفهوم الذات جوانب متعددة وليس أحادي الجانب، وقد تكون هذه التصنيفات في مجالات كالمدرسة، التقبل الاجتماعي، الجاذبية الجسمية، القدرة العقلية والجسمية... الخ.

3- مفهوم الذات هرمي (Hierarachical).

يشكل الذات هرماً قاعدته الخبرات التي يمر بها الفرد في مواقف خاصة وقمته مفهوم الذات العام.

وهناك من يقسم قمة الهرم إلى قسمين (مفهوم الذات الأكاديمي ومفهوم الذات غير الأكاديمي) . وكل منها ينقسم إلى أجزاء ، فالجانب الأكاديمي يتفرع إلى مفاهيم تتعلق بمفهوم الذات القدرة، مفهوم الذات التحصيلي التي بدورها تنقسم إلى جوانب أكثر تحديداً كالمفاهيم التي تتعلق بالعلوم الطبيعية ، الاجتماعية، اللغات ، الرياضيات.

أما مفهوم الذات غير الأكاديمي فتنقسم إلى :

أ- الذات الجسمية وتتفرع بدورها إلى مفهوم المظهر العام، مفهوم كل عضو من الأعضاء ، مفهوم لون البشرة.

ب- الذات الاجتماعية وتتفرع إلى مفهوم تقبل الذات ، مفهوم القبول الاجتماعي، مفهوم تقبل الغير.

ح- الذات النفسية وتنقسم بدورها إلى مفهوم الانطباعات الشخصية، مفهوم الأحاسيس والمشاعر الذاتية الخاصة ، مفهوم الاتجاهات.

ولا بد من الذكر أنه لا يوجد اتفاق بين المهتمين على تقسيم معين فمثلاً سونج وهايتي (Song and Hattie) [1] يقسمان مفهوم الذات إلى ثلاثة أقسام :

أ- مفهوم الذات الأكاديمي ويتضمن الذات التحصيلية ومفهوم ذات القدرة (العلوم الطبيعية والدراسات الاجتماعية واللغات والرياضيات إلى مفهوم الذات الصفي.

ب- مفهوم الذات الظاهرة ويتضمن مفهوم الذات الجسمية والثقة بالذات.

ج- مفهوم الذات الاجتماعية ويتضمن مفهوم الذات العائلي ومفهوم الذات الرفاق

ويمكن أن يكون التدرج الهرمي لمفهوم الذات متكوناً :-

أ- الجانب الجسمي: ويتفرع إلى المظهر العام، التناسق بين أعضاء الجسم ، شكل ولون الجسم ، تناسق أعضاء الوجه، لون العيون، لون الشعر وهكذا إلى فروع دقيقة.

ب- الجانب الاجتماعي الذي يجسد تفاعل الفرد مع الآخرين، والذي يحدد من خلاله درجة التقبل والقبول حيث يتفرع إلى مفهوم تقبل الذات، ومفهوم القبول الاجتماعي والذي يتفرع إلى مفهوم القبول الأسري ، مفهوم قبول الأقران، مفهوم القبول المدرسي.

---

1) Song , L.S. and Hattie , J, (1984) Relationship between self concept and achievement . Journal of Research in Personality. 19.PP 365-372.

ج- الجانب الانفعالي ويتفرع إلى مفهوم الانطباعات الشخصية، ومفهوم الأحاسيس والمشاعر الذاتية الخاصة.

د- الجانب العقلي والذي يرتبط بالقدرات الذهنية التي يجسدها بشكل أساسي الجانب الأكاديمي الذي يتفرع إلى مفهوم الذات اللغات ومفهوم الذات العلوم ومفهوم الذات الرياضيات ، وهكذا.

4-   مفهوم الذات ثابت Stable

يتسم مفهوم الذات بالثبات النسبي وخاصة في قمة الهرم ، ويقل ثباته كلما نزلنا من قمة الهرم إلى قاعدته حيث يتنوع مفهوم الذات بشكل كبير وذلك لتنوع المواقف فمفهوم الذات الأكاديمي مثلاً أكثر ثباتاً من مفهوم تقبل الغير.

ولا بد من الإشارة إلى أن هذا يتعلق بالمرحلة العمرية الواحدة، لأن المفاهيم قد تتغير من مرحلة عمرية إلى أخرى وذلك نظراً للمواقف والأحداث والخبرات التي يمر بها الفرد.

1-   مفهوم الذات نمائي (تطوري) Developmental

تتنوع جوانب مفهوم الذات لدى الفرد خلال مرحل تطوره فهو لا يميز في مرحلة الطفولة نفسه عن البيئة المحيطة به ، وهم غير قادرين على التنسيق بين الأجزاء الفرعية للخبرات التي يمرون بها.

فالطفل يولد ولا يدرك ذاته كتكوين نفسي فهو يستجيب إلى البيئة للإشباع البيولوجي السريع ، ولا يستطيع أن يميز نفسه عن العالم الخارجي ، ويبدأ شعور الفرد بذاته عندما يدرك أنه منفصل عن والديه ، كما يميز ذاته عن العالم الخارجي، ولكن لا يكون تنظيماً كلياً وإنما يحدث ذلك مع مرور الزمن.

45

وتتطور مفاهيم جديدة كلما تقدم العمر عبر المراهقة والبلوغ حيث أن الفرد كلما نما زادت مفاهيمه وخبراته، ويصبح له القدرة على إيجاد التكامل فيما بين هذه الخبرات بأجزائها الفرعية لتشكل إطاراً مفاهيمياً واحداً.

2- مفهوم الذات تقييمي (Evaluative).

أي أن مفهوم الذات ذو طبيعة تقييمية ووصفية، فيعطي الفرد تقييماً لذاته في كل موقف من مواقف حياته فهو لا يقتصر على وصف ذاته فحسب ، وإنما يقيم ذاته في المواقف التي يمر بها ، وقد تصدر التقييمات لذاته بالإشارة إلى معايير مطلقة كالمقارنة مع المثالية، أو يعدد تقييماته بالإشارة إلى معايير نسبية كالمقارنة مع الزملاء، أو الإشارة إلى تقييمات مدركة قام بها آخرون، وتختلف أهمية ودرجة البعد التقييمي تبعاً لاختلاف الأفراد والمواقف، أيضاً.

3- مفهوم الذات فارقي (Differentiable)

هنالك تمايز بين المفاهيم التي يوجد بينها ارتباط نظري فمثلاً مفهوم الذات الجسمية ترتبط بمفهوم المظهر العام أكثر من ارتباطه بمفهوم الاتجاهات.

ومفهوم الذات القدرة العقلية يفترض أن ترتبط بالتحصيل الأكاديمي أكثر من ارتباطه بالمواقف الاجتماعية والمادية، كذلك ما يتعلق بالمفهوم الأضيق فمفهوم الذات للقدرة الأكاديمية في الرياضيات مرتبط بتحصيل الفرد في الرياضيات أكثر من ارتباطه بالدراسات الاجتماعية.

تشكيل مفهوم الذات:

إن مفهوم الذات ليس شيئاً موروثاً لدى الإنسان ، وإنما يتشكل خلال التفاعل مع البيئة التي يعيش فيها ابتداءاً من الطفولة وعبر مراحل النمو المختلفة كما أن الوعي بالذات يبدأ ضيقاً عند بداية حياته، وينمو ويتطور باتساع البيئة التي يتعامل بها، ومن خلال الخبرات الجزئية والمواقف التي يمر بها الفرد في أثناء محاولته للتكيف مع البيئة المحيطة به.

إن المصدر الأول الذي يشكل مفهوم الذات هو الصورة الجسمية ، فبنية الجسم ومظهره وحجمه تعد من الأمور الحيوية والتي تمول الفرد مفهومه لذاته وبخاصة في سنواته الأولى، عدس وتوق[1] فطول الفرد، ووزنه، ولون بشرته، وسلامة حواسه، وتناسق جسمه، كلها ترتبط باتجاهه نحو نفسه وشعوره بكفاءته وتقبله لذاته، وهذه تؤثر بإيجابية أو سلبية على مفهوم الذات.

وقد أشارت قطامي وبرهوم [2] إلى أن الدراسات توصلت إلى أن النضج الجسمي المبكر له نتائج عكسية على الإناث حيث يملن إلى الانطواء والانعزال عن زميلاتهن، وذلك لأنهن يحملن اهتمامات ورغبات تختلف عن الاهتمامات والرغبات الموجودة لدى الإناث في مجموعتها العمرية (كالاهتمامات الجنسية) ، وأتحفظ فيما وصلت إليه هذه الدراسة لأن النضج الجسمي المبكر وما يرتبط به قد يكون له تأثير إيجابي في رؤية الفرد لنفسه ، وخاصة إذا ارتبط ذلك بثقافة جنسية.

1) عدس، علي وتوق، محي الدين (1981) أنماط رعاية اليتم وأثرها على مفهوم الذات لعينة من الأطفال في الأردن بمجلة العلوم الاجتماعية ، العدد الثالث، السنة التاسعة، (أيلول) .

2) قطامي ، نايفة وبرهوم ، محمد (1989) طرق دراسة الطفل . عمان: دار الشرق للنشر والتوزيع ، ص95.

كما أن اللغة تساعد في تطوير مفهوم الذات ، فاستعمال بعض الضمائر كياء الملكية وضمائر الغائب دليل على تمييز الطفل لذاته. يذكر بيرنز (Burns)[1] إن معظم الأطفال يبدأون باستخدام الضمائر اللغوية في السنة الثانية حيث يكون الاستخدام مشوشاً غير دقيق، فالطفل يسمع أمه تخاطبه بالضمير أنت، فعندما يتكلم يقول أنت بدلاً من الضمير أنا، وقد يتكلم بضمير الغائب.

إن زيادة الضمائر في لغته تعكس زيادة في لغة الطفل ، إذ يستطيع من خلالها التعبير عن نفسه كفرد له مشاعره وحاجاته وخصائصه، وتشكل مؤشراً لنضج فهمه لوجوده ودليل على تمييز الطفل لذاته عن الآخرين.

يتحدث أريكسون Erikson حول المرحلة الخامسة من مراحل النمو النفسي وهي مرحلة تطوير الشعور بالهوية، والتغلب على الشعور باضطراب الهوية وعدم تمييزها والتي تبدأ من عمر 12 وحتى سنة 18، إذ تكون هذه المرحلة من النوع الصعب والحساس في حياة الأفراد ، وفيها تقترب الطفولة من نهايتها بمراحلها المختلفة، والبدء بتكوين هوية خاصة به تحدد موقفه من العالم، وتأتي هذه المرحلة موازية للمرحلة الخامسة عند فرويد وهي المرحلة الجنسية (علاونة ، 1989)[2].

إن اللغة لها تأثيرها في نشأة الطفل حيث أن هناك علاقة بين اللغة والتطور الذهني، فكلما اتسعت دائرة الطفل اللغوية انعكست بشكل إيجابي على تطوره الذهني، كما أن هناك علاقة بين اللغة والأفكار حيث أن كلاً منها يؤثر في الآخر...لذلك تعتبر اللغة من المصادر المهمة التي تؤثر في تشكيل مفهوم الذات.

---

1) Burns ,R. B (1981) Introduction to item response models and their assumption. In R.K. Hambleton (Ed) Application of their response theory. Vancouner BC: Educational. Research Institute of British Colombia.

2) علاونة ، شفيق فلاح (1989) أساسيات علم النفس التطوري ، بيروت : دار الجليل.

والتغذية الراجعة تعتبر المصدر الآخر التي تشكل مفهوم الـذات وخاصـة مـن ذوي الأهميـة بالنسبة للطفل كالوالدين والأقرباء والمعلمين والأقران، وقد أثار كولي إلى مرآة الذات حيـث يصـف مفهوم الـــــذات بأنـــــه انعكـــــاس لمـــــا في عيـــــون الآخـــــرين . (Burns, 1981)[1]

فالتغذية الراجعة للطفل على كيفية الشعور نحوه لها أثرها في رؤيته لنفسه، وما يقوم به الآبـاء من تقبيل ومعانقة وابتسامة وكلام وما يقدمه من تغذية وملابس كلها رسـائل تجعـل لـه قيمـة مـن قبـل الآخرين وخاصة المقربين له ، فالطفل يرى نفسه من خلال سلوك الآخرين له ، وكلما اتسعت رقعة الطفـل دخلت عناصر جديدة لها أهميتها بالنسبة للطفل كالمعلمين وأقران الدراسة.

وتعد الخبرات المدرسية من المصادر المهمة في تشكيل مفهوم الذات، فالمعلم لـه دوره الكبـير في تشكيل مفهوم الطفل لذاته من خلال الطرق والأساليب التربوية الحديثة ، كمـا أن النجـاح والفشـل الدراسي يؤثران في الطريقة التي ينظر بها الطلبـة الى أنفسـهم . فالطلبـة ذوو التحصـيل المرتفـع مـن المحتمـل إن يطوروا مشاعر إيجابية نحو ذواتهم وقدراتهم والعكس صحيح.

أما خبرات النشأة الأولى للطفل من المصادر الحيويـة في تشـكيل مفهومـة لذاتـه، حيـث تكـون الأفكار والمشاعر والاتجاهات من خلال التنشئة الاجتماعية وتفاعله اليومي في البيئة التي يعيش فيها ، ومـا يتلقى من أساليب الثواب والعقاب والاتجاهات الوالديـة ، وخـبرات الفشـل والنجـاح والوضـع الاجتماعـي والاقتصادي.

---

1) Burns ، مصدر سابق .

ولعل أهم مصدر لهذه التنشأة هي خبرات التنشئة الأسرية، حيث يتأثر مفهوم الذات الى حد كبير في العلاقات الأسرية بين الطفل ووالديه ، فالطفل الذي يعامل على أنه محبوب فهو يشعر بنفسه كذلك.

لذلك فإن كثيراً من الدراسات بحثت أثر فقدان أحد الوالدين أو كليهما أو التصدع الأسري ، وتوصلت إلى أن هناك فرقاً في مفهوم الذات بين هؤلاء الأطفال وأقرانهم الذي يعيشون في كنف والديهم مثـــــل تـــــــوق وعـــــــدس (1981)[1] ، القيسي (1988)[2] ، مصطفى (1990) [3].

وللوالدين دور هام في تكوين الذات المدركة أو الواقعية لدى الأطفال، حيث يقوم الوالدان من خلال عمليتي الثواب والعقاب، بإبقاء السلوك المرغوب والمقبول اجتماعيا واستبعاد غير المرغوب منه، كما سيهم الوالدان في تشكيل الذات المثالية لدى الأطفال، ذلك أن الطفل يقوم بتمثل المعايير والقيم الخلقية التي يوجهه والده بالالتزام بها واتباعها.

ويلي (Wylie, 1961) [4] تقول ٠،٠،١،٠ عملية التقمص والاحتذاء بالنموذج المتمثل في صورة الأب أو الأم والتي أكدتها نظرية التحليل النفسي من أهم العمليات النفسية التي تشكل الذات المثالية لدى الطفل.

1) توق، محي الدين، عدس ، علي (1981) مصدر سابق

2) القيسي ، طالب ناصر حسين (1988) دراسة مقارنة بين مفهوم الذات لدى أبناء الشهداء قبل وبعد استشهادهم ولدى أقرانهم في المرحلة المتوسطة ، رسالة ماجستير غير منشورة ، الجامعة المستنصرية ، العراق.

3) مصطفى ، يوسف حمه (1990) معاملة الوالدين وعلاقتها بتقدير الذات لدى المراهقين من أبناء الشهداء وأقرانهم . رسالة ماجستير غير منشورة، كلية الآداب ، جامعة بغداد.

4) Wylie, R (1961) The Self Concept : A Critical Survey of Pertinent Research literature: University of Nebraska Press.

ومن ناحية أخرى فإن محتوى مفهوم الذات يزداد كلما اتسعت رقعة بيئة الطفل لأنها تتأثر بعمليات النضج والتعلم والتنشئة الاجتماعية.

جيرزيلد (Jersild, 1963)[1] قام بتحليل ثلاثة آلاف تقرير كتبها تلاميذ المرحلة الابتدائية والثانوية وطلبة الكليات تحت عنوان ماذا أحب؟ وماذا أكره في نفسي؟ ودعم هذا الإجراء بالمقابلات والمناقشات مع عدد من التلاميذ . فكانت نتائج تحليل التقارير الذاتية، هو تصنيف استجاباتهم إلى مجموعات شملت الخصائص الجسمية والحالة الصحية، والقدرات العقلية والمدرسية والعمل المدرسي والاتجاهات نحوها ، والعلاقات العائلية والاجتماعية والسمات الشخصية بما فيها المزاج، الطبع، النزعات، والانفعالات والأفكار والاهتمامات والخبرات الدينية والاستقلالية والاعتماد على النفس ، كما شملت أيضاً المواهب الخاصة والرياضة والألعاب والهوايات .

أما دراسة لايفلسي وبروملي في (Bruns, 1981)[2] فهدفت معرفة علاقة نسب العبارات الوصفية بالعمر والجنس وعامل الذكاء . فتبين أن عبارات الأوصاف التي تتعلق بالمعلومات الشخصية تناقضت مع زيادة العمر، وشكلت هذه   العبارات 39% من عبارات من أعمارهم سبع سنوات، بينما كانت 6% من عبارات الذين هم في سن 14 سنة، أما العبارات التي تتعلق بالمظهر الجسمي فقد أظهرت زيادة مفاجئة عن أعمار 15 سنة ، وتدل هذه الزيادة على الأهمية التي يعطيها المراهقون إلى مرآة الجسم والجاذبية الجسمية بالنسبة للجنس الآخر.

---

1) Jersild, A.T. (1963) The Psychology of Adolescence (2nd ed) New York: The Micmillian Company.

2) Burns، مصدر سابق

كما رافقت زيادة العمر زيادة في العبارات التي تتعلق بالصفات الجسمية والاتجاهات نحو الذات ونحو الآخرين.

وكانت نسبة العبارات المتعلقة بسمات الشخصية واتساق السلوك تشكل 4% من عبارات من هم في السنة السابعة من العمر ، بينما تشكل هذه العبارة 35% من عبارات من هم في سن (14) سنة، مما تشير الى اهتمام المراهقين بذواتهم وبالعلاقات الاجتماعية مع الآخرين ، كما اتصفت عبارات الأطفال بالسطحية ووصف ما هو محسوس كالمظهر ، والممتلكات (لون الشعر، العاب، هوايات تمارس، طعام يفضل) تصبح أكثر تحديداً وتطور مع زيادة ذكر الصفات النفسية في نهاية المرحلة الإعدادية.

ويزداد كذلك في سن المراهقة ذكر العبارات دليل على أن محاولة المراهقين تشكيل مفهوم ذات مستقر بجسد محموعة من القيم ، لأن معلومات الفرد عن نفسه تكون أحسن تنظيماً واتساقاً وتلاحماً في هذه المرحلة. ويظهر المراهقون أكثر ادراكاً لمجتمعهم وأكثر اهتماماً بتقييم الآخرين لهم .

أما بالنسبة للجنس فقد أظهرت ثلاث فئات من عبارات الأوصاف لها أثر في الجنس ، حيث كانت عبارات الذكور التي تتعلق بالهوايات والاهتمامات أكثر من البنات، في حين كانت عبارات الإناث أكثر بالنسبة للعلاقات مع الجنس الآخر والعلاقات العائلية والأقارب.

وقد علل الباحثان ذلك إلى اختلاف معدل النضج بين الذكور والإناث.

أما فيما يتعلق بالذكاء، فقد ركز الأطفال الأقل ذكاءاً على الأمور الملموسة كالمظهر العام، رفاق اللعب والعلاقات مع الجنس الآخر، بينما ركزت عبارات الأطفال الأكثر ذكاءاً على سمات الشخصية والسلوك.

تبين من ذلك أن مفهوم الذات يتأثر بـالعمر، ففـي مرحلـة المراهقـة يـؤثر النضـج الجسـمي في نفسـية المراهـق حيـث يعطيـه أهميـة كـبرى بالمقارنـة مـع أقرانـه بكـل مـا يتعلـق بجسـمه، فهـو يهـتم بالانطباعات والآراء والتعليقات التي يسمعها من رفاقه وخاصة مـن الجـنس الآخـر ، حيـث يـؤثر هـذا في مفهوم الذات ومفهوم الذات الجسمي بشكل خـاص ، كـما أن المهتمـين في هـذا المجـال يقولـون أن أبعـاد مفهوم الذات تكون واضحة بتقدم العمر بينما لا تكون كذلك قبل سن 8 سنوات (مارش وكرافين وديبـوس (Marsh & Graven & Depus, 1991)[1] .

كما يتأثر مفهوم الذات بالأدوار الاجتماعية التي يقوم بها منذ طفولته ، لأن التفاعـل الاجتماعـي السليم والعلاقات الاجتماعيـة الناجحة تعـزز الفكـرة السـليمة الجيـدة عـن الـذات ، وأن مفهـوم الـذات الموجب يعزز نجاح التفاعل الاجتماعي ويزيد العلاقات الاجتماعية نجاحاً فالعلاقة بين التفاعل الاجتماعـي ومفهوم الذات علاقة موجبة.

---

1) Marsh , H.W, Graven.R. G and Debus, R. (1991) Self concept of young children 5 to 8 years of age: Measurement and multidimensional structure , Journal of Educational Psychology . 83,3.pp.377-392

أبعاد مفهوم الذات.

من خلال ما سبق ذكره يمكن القول أن مفهوم الذات يشمل كل ما يدركه الفـرد بصوره المركبـة والمؤلفة من تفكيره عن نفسه وتحصيله وخصائصه الجسـمية والعقليـة والانفعاليـة ورؤية الآخـرين لـه ، كذلك رؤيته بما يتمنى أن يكود عليه.

وهناك آراء متعددة ذكرت أبعاد مفهوم الذات ويعتبر وليم جيمس أول من ذكر أبعاده وهي :

أ- الذات كما يعتقد الفرد بوجودها في الواقع ، وهو ما اصطلح عليه بين علماء النفس بالذات المدركة.

ب- الذات كما يرونها الآخرون وهي ما تقابل ما اصطلح عليه الذات الاجتماعية.

ج- الذات كما يتمنى الفرد أن يكون عليه وهي تقابل ما اصطلح عليه بالذات المثالية.

وأضاف جيمس بعداً آخر سماه بالذات الممتدة (The Extended Self) ويمثل كل ما يمتلكه الفرد ، وما يشترك به مع الآخرين مثل العائلة ، الوطن، العمل (ابستاين Epstein)[1].

أما كولي Cooley فذكر الذات المنعكسة(Reflected Self) وهو تصور الفرد لما هو عليه مـن خـلال انعكاس ذلك من الآخرين، والذات الاجتماعية (Social Self) وهي الخبرات الناتجة من خلال انضمام الفـرد مع المجموعة كأن يكون في نادي معين، طائفة دينية ، حزب...

---

1) ابستين Epstein، مصدر سابق ، ص58.

أما ميد Mead فيقول أنه يمكن أن تنشأ للفرد عدة ذوات تمثل كل منها مجموعة من الاستجابات مستقلة بدرجة أو بأخرى ، ومكتسبة من مختلف الجماعات الاجتماعية، فقد تنمو لدى الفرد مثلاً ذات عائلية تعكس الاتجاهات التي تعبر عنها أسرته ، وذات مدرسية تعكس اتجاهات معلميه وزملائه (جلال)[1].

أما أبعاد لندهولم Landholem فتتسم بالبساطة والوضوح حيث ذكر الذات الذاتية وهي ما يعتقده الفرد عن ذاته وهي ليست ثابتة.

والذات الموضوعية وهي ما يعتقده الآخرون في الفرد(لابين وجرين)[2] ، بينما ذهب مورفي إلى ذكر الذات المثالية والذات المحيطة، وقد فرق كاتل (Cattel) بين ثلاثة أبعاد للذات وهي الذات البنائية (Structural Self) وهي بمثابة المؤثر المنظم الرئيسي الذي يمارس تأثيره في السمات الدينامية في تفاعلها والذات المثالية ثم الذات العقلية(هول وليندزي)[3].

ويعتقد سيموندس (Symonds) أن الذات تتكون من الأبعاد الآتية:

أ-   كيفية ادراك الفرد لنفسه.

ب-   معتقدات الفرد عن نفسه .

ج- تقييم الفرد لنفسه.

---

1) جلال ، سعد ، مصدر سابق ، ص133.

2) لابين وجرين ، مصدر سابق ، ص12.

3) هول ولندزي ، مصدر سابق ، ص520-521.

د- الأساليب السلوكية التي يحاول الفرد بها تقوية ذاته والدفاع عنها (الشرقاوي)[1]

ويرى اسماعيل [2] إن أبعاد الذات .

أ- الذات الواقعية كما هي في الواقع.

ب- الذات المثالية ما يتمنى الفرد أن يكون عليه.

ت- الذات العادية أي من حيث توفر مفهوم الذات عند الآخرين .

أما فرنون فقد ذهب إلى أن الذات مكونة من عدد من المستويات الإدراكية في تكوين الشخص الداخلي متدرجة من مستوى أعلى إلى أدنى وفقاً لما يتضمنه من محتويات شعورية ولا شعورية ، كما يقول أن كل فرد لديه ذات مركزية تعد بمثابة النواة التي تتجمع حولها الأجزاء الأخرى، والتي تتكون من الذات الاجتماعية، والذات الشعورية الخاصة، والذات البصيرة، والذات العميقة ، وقد تتعارض هذه الأجزاء فيما بينها ، ولكنها تسعى دائماً إلى الوحدة والتكامل .

وقد ذكر زهران [3] مستويات الذات عند فرنون كما يلي:

4- المستوى الأعلى ، ويتكون من الذات الاجتماعية والعادية التي يعرضها الفرد للمعارف والغرباء والأخصائيين النفسيين .

5- الذات الشعورية الخاصة: كما يدركها الشخص المتوافق ، ويعبر عنها بشكل لفظي لأصدقائه المقربين فقط.

1) الشرقاوي ، أنور محمد (1970) دراسة لأبعاد مفهوم الذات لدى الجانحين ، رسالة ماجستير غير منشورة ، كلية التربية ، جامعة عين شمس، ص49.

2) إسماعيل ، محمد عماد الدين ، مصدر سابق ، ص9.

3) زهران ، حامد عبد السلام ، مصدر سابق ، ص77.

6-   الذات البصيرة ، وتعني رؤية الفرد لذاته بصدق على حقيقتها وتقبله لها والتي يتحقق منها الفرد عندما يوضع في موقف تحليل شامل، مثل ما يحدث في عملية العلاج النفسي الممركز حول العميـل أو التوجيه النفسي.

7-   الذات العميقة أو المكبوتة: ويختلف هـذا المستوى عـن سـابقه بأنـه لا شـعوري، وتنـاظر الـذات العميقة عند فرنون اللاشعور عند فرويد والذي يمثل الغرائز العدوانية والجنسية.

ويمكن الكشف عنها أو التوصل إلى صورتها عن طريق العلاج النفسي أو التحليل النفسي .

وأضاف زهران إلى مفهوم الذات المدرك ومفهوم الذات الاجتماعي ومفهوم الذات المثالي، مفهوم الذات الخاص أو السري(العوري) وهو الجزء المتعلق بالخبرات المخجلة والبغيضة والمؤلمة والتي لا يود الفرد إظهارها.

وحلل سويف [1] الذات المنعكسة (الاجتماعية) إلى عناصر ثلاث هي :

أ-   تخيلنا لما نبدو عليه في نظر الآخرين .

ب- تخيلنا لحكم الآخرين علينا.

ج- ما يترتب على ذلك من شعور بالزهو أو الهوان.

ولا يختلف فهمي [2] عمن سبقوه حيث ذكر ثلاثة أبعاد لمفهوم الذات

أ-   فكرة الفرد عن نفسه (قدراته، وامكاناته) فقد يـرى أنـه شـخص لـه كيـان، ذو قـدرة عـلى التعلم، وقوة جسمية وعلى العكس قد يشعر أنـه فاشـل ، أو أنـه قليـل الأهميـة، ضـعيف القدرات ، فرص النجاح أمامه ضئيلة.

1) سويف ، مصطفى ، مصدر سابق ، ص 180-183.

2) فهمي ، مصطفى (1971) الإنسان وصحته النفسية . القاهرة: مكتبة الأنجلو المصرية ، ص160-161.

ب- فكرة الفرد عن نفسه من خلال علاقته بالآخرين ، فقد يرى الشخص أنه مرغوب فيه أو غير مرغوب فيه.

ج- نظرة الفرد إلى ذاته كما يجب أن تكون وهي الذات المثالية.

ويرى شافلسون(Shavelson) [1] أن مستويات مفهوم الذات تبدأ بمفهوم الذات العام ثم تنقسم إلى مفهوم ذات أكاديمي ويشمل مفاهيم عن المواد الدراسية ، ومفهوم ذات غير أكاديمي ويشمل مفاهيم ذات اجتماعية وانفعالية وجسمية .

إما بيرنز (Burns)[2] فذكر أبعاد مفهوم الذات بجانبيه الجسمي والنفسي- حيث ذكر مفهوم الذات المؤقت إضافة إلى مفهوم الذات المدرك ومفهوم الذات الاجتماعي ومفهوم الذات المثالي .

نستخلص مما ذكر أن أكثر الأبعاد التي ذكرت وأكد عليها المختصون هي:

1- يتكون مفهوم الذات من المدركات والتصورات التي تحدد خصائص الذات كما تنعكس اجرائياً في وصف الفرد لذاته ، وهي عبارة عن إدراك الفرد لذاته كما هي على حقيقتها وليس كما يتمنى ، ويشمل هذا الإدراك جسمه ومظهره وقدراته ودوره في البيئة التي يعيش فيها وقيمة ومعتقداته وطموحاته.

2- مفهوم الذات الاجتماعي وهو عبارة عن مدركات الفرد وتصوراته وفقاً لما ينعكس من خلال تفاعله مع الآخرين.

أي شعور الفرد وتصوره لكيفية تصور الآخرين له من خلال القول والفعل .

---

1) شافلسون Shavelson، مصدر سابق ، ص 412

2) بيرنز Burns ، مصدر سابق.

ولا يمكن أن تكون آراء الآخرين على نفس الدرجة من الأهمية ، فرأي المعلم ليس كرأي الزميل، ورأي الأم ليس كرأي أم صديقة.

إذ أن الطفل الذي يكون مرغوباً فيه ومحبوباً من قبل الناس المقربين له كالآباء والمعلمين والأقرباء والأقران يكون مفهوماً اجتماعياً إيجابياً ، بينما الطفل النقيض الذي يقابل بالرفض والكره من قبل هؤلاء الذي ذكروا أعلاه يكون مفهوماً اجتماعياً سلبياً.

وتشكيل مفهوم الذات الاجتماعي يعتمد على الكيفية التي يعامل بها الناس المقربون للأطفال.

3- مفهوم الذات المثالي وهو ما يتمنى المرء أن يكون عليه سواءاً من الناحية الجسمية أو النفسية أو العقلية أو جميعها.

إن هذه الأبعاد لا تكون مستقلة عن بعضها حيث تؤثر بعضها البعض فيتأثر مفهوم الذات النفسي بمفهوم الذات الجسمي، ومفهوم الذات المدرك بمفهوم الذات الاجتماعي، ويتأثر مفهوم الذات المثالي بمفهوم الذات المدرك والاجتماعي.

هارلوك (Hurlock, 1974) [1] يرى أن مفهوم الذات المثالي سواءاً كان واقعياً أم غير واقعي فإنه يتحدد بمدى سيطرة كل من مفهوم الذات المؤقت والمدرك ، فإذا كان مفهوم الذات المدرك هو المسيطر فإن مفهوم الذات المثالي غالباً ما يكون أكثر واقعية في هذه الحالة لكونه بني على تقييمات واقعية لكفاءات الفرد وقدراته.

1) Hurlack , E. B (1974) Personality Development , New York: McGraw Hill Inc.

وظائف مفهوم الذات:

يتفق العلماء والباحثون على أن مفهوم الذات يعتبر حجر الزاوية في الشخصية ، وأن وظيفته الأساسية هي السعي لتكامل واتساق الشخصية ليكون الفرد متكيفاً مع البيئة التي يعيش فيها وجعله بهوية تميزه عن الآخرين .

فهذا البورت(Allport)[1] يقول أن وظائف الذات هي العمل على وحدة وتماسك الشخصية وتميز فرد على آخر، وهي تساعد على اتساق الفرد وتقييماته ومقاصده.

وكذلك استخدم البورت الذات الممتدة المميزة ومن وظائفها إحساس الفرد بذاته الجسمية والإحساس بهوية الذات وماهيتها ، ورغبه الفرد في ارتقاء الأنا وامتدادها، وتلك الوظائف تبدأ في مرحلة الطفولة ، وتعد الذات المنطقية العاقلة ، وكفاح الذات من أجل الحياة وسعيها نحو المعرفة من أهم مظاهر الذات الممتدة في المرحلة التابعة.

أما رأي ليّكي (Lecky, 1945) فيصب فيما قدمنا له حيث يعتقد أن لمفهوم الذات بوصفه بؤرة الشخصية دور رئيسي في تحديد المفاهيم التي يمكن استيعابها وتضمينها في التنظيم الكلي للشخصية . وهناك من يرى أن وظيفة مفهوم الذات الأساسية هو تنظيم عالم الخبرة من اجل التكيف السلوكي .

---

1) Allport, c. (1956) Becoming Basic Consideration for Psychology of Personality . New Haven : yale University Press .

وفي هذا السياق يعتقد روجرز[1] إنه بتعديل مفهوم الذات يحدث تغير في السلوك، وإنه بدخول خبرات جديدة ضمن تنظيم الذات بطريقة شعورية يزول الإحساس بالتناقض والتوتر.

ويرى كولمان (Coleman)[2] إن من وظائف مفهوم الذات نمو الشخصية .

بينما يرى آخر ، أكثر تحديداً، أن مفهوم الذات هو القطب الفاعل الذي يحدد سلوك الفرد . ويعتقد المليجي [3] "إن مفهوم الذات يحدد أداء الفرد الفعلي".

وذهبت بيمر (Beemer) [4] أبعد من ذلك فقالت أن مفهوم الذات يؤثر في تنظيم الإدراك ، واستيعاب الخبرات وتحديد السلوك.

ويجسد زهران[5] في رؤيته لوظيفة مفهوم الذات كبرمجة لعالم الخبرة فهو يقول" بأن وظيفة مفهوم الذات وظيفة واقعية وتنظيم وبلورة عالم الخبرة المتغير الذي يوجد الفرد في وسطه، ولذا فإنه ينظم ويحدد السلوك.

أما لابين وجرين[6] فيعتقد أن مفهوم الذات هو الذي يقوم بصفة أساسية بتوجيه وضبط وتنظيم أداء الفرد وعمله .

---

1) روجرز (Rogers) مصدر سابق ، ص 476.

2) Coleman , A.C (1964) Abnormal Psychology and Modern Life (3rd ed) . Bomboy, Taraporevola , p. 62.

3) المليجي ، حلمي (1972) علم النفس المعاصر، ط2 . بيروت: دار النهضة العربية ، ص320.

4) Beemer, L.C (1972) Developmental change in the self concept of children and adolescents . Dissertation Abstracts international 32. pp. 5031-5032.

5) زهران ، حامد عبد السلام، مصدر سابق ، ص98.

6) لابين وجرين ، مصدر سابق ، ص31.

وتأسيساً على ذلك، يمكن القول أن مفهوم الذات هو العامل الجوهري في التحكم بالسلوك البشري ، فهو قوة دافعة لتنظيم وضبط وتوجيه السلوك إذ يحدد الاستجابات الذاتية في مواقف الحياة المختلفة ، كما أنه يعطي التفسيرات لاستجابات الآخرين، وإن ذلك يحدد أسلوب تعامل الفرد مع الآخرين من جهة ومن جهة أخرى فهو يؤثر بشكل أو بآخر في تحديد أسلوب تعامل الآخرين معه.

كما تتميز وظيفة مفهوم الذات بأنها انتقائية من خلال ادراكه للخبرات والمواقف التي يتعرض لها والتي تتلاءم أو تتعارض مع ميوله ورغباته وحاجاته واعتقاداته.

لذلك تبتعد استجابات الفرد عن النمطية فقد تختلف استجابته في موقف مماثل وفق الزمن والمكان، فهو يسعى إلى تنظيم عالم الخبرة من اجل التكيف مع الذات ومع الآخرين والتي تدعو إلى اتساق الفرد.

الفصل الثالث

قياس مفهوم الذات

قياس مفهوم الذات

لم تتزامن دراسة الذات التجريبية ووسائل قياسها مع ظهور أول النظريات إذ تعد نظرية الـذات لوليم جيمس (1890) أول نظرية للذات ثم تبعه عدد من العلماء والباحثين .

بدأ الاهتمام بقياس مفهوم الـذات عندما أخـذت الأهـداف التربويـة تتسع لتشمل الجوانب الاجتماعية والانفعالية بعد أن كانت مقتصرة على الجانب المعرفي.

وقد تزايد الاهتمام بقياس مفهوم الذات الذي يعد حجر الزاوية في الشخصية الأمـر الـذي أدى إلى تعدد الأساليب والأدوات التي تقيس مفهوم الذات.

ويعد أسلوب الملاحظة من الأساليب القديمة التي لا يمكن التعويل عليها لعدم تقنين الإجراءات الخاصة بتسجيل الملاحظات، كذلك لا يمكن أن يكون هناك تطابق بين السلوك المشاهد وما يبغيه هـذا السلوك .

لذلك تخلى المهتمون بهذا المجال عن هذا الأسلوب، واستخدموا وسائل أكـثر موضوعية لقياس مفهوم الذات،هي طريقة التقارير الذاتية. وفي هذه الطريقة يكشف الفرد عن مستوى مفهومه لذاته مـن خلال فقرات مقياس معد لقياس مفهوم الذات.

وهنـاك أسـاليب متعـددة لقيـاس مفهـوم الـذات عـن طريـق التقاريـر الذاتيـة (Burns, 1981) [1]، (الداوود، 1982) [2]، (قطامي ، 1989) [3].

1) بيرنز burns ، مصدر سابق.
2) الداوود ، أسعد فرحان محمد (1982) اشتقاق معايير أردنية لمقياس بيرس –هاريس لمفهوم الذات ، رسالة ماجستير غير منشورة ، جامعة اليرموك ، أربد.
3) قطامي ، نايفه(1992) أساسيات علم النفس المدرسي . عمان : دار الشروق للنشر والتوزيع.

1- سلالم التقدير (Rating Scales) وهي أكثر الأنواع شيوعاً في قياس مفهوم الذات، وتتكون من أسئلة أو قوائم أو مقاييس اتجاهات نحو الذات، ويطلب من المفحوص اختيار الاستجابة التي تمثله ، وتكون الاستجابات من ثلاثة فأكثر، وتعطى لكل استجابة درجة معينة ، كأن يعطى للفقرة الإيجابية الدرجة الأعلى والفقرة الأكثر سلبية الدرجة الدنيا، وتكون هذه التقديرات كأوزان عددية للوصول إلى الدرجة الكلية للمقياس .

وفي هذه الحالة تعتبر جميع العبارات متساوية في الأهمية عند حساب الدرجة، على سبيل المثال عبارة أنا متردد تكون الاستجابات إما ثلاث درجات: - كدائماً .... غالباً... نادراً – أو سلم من أربع درجات مثل: - تنطبق عليَّ بدرجة كبيرة جداً – تنطبق عليَّ بدرجة كبيرة – تنطبق عليَّ بدرجة قليلة – لا تنطبق عليَّ– أو سلم خماسي الدرجات: - أوافق بشدة ، أوافق ، غير متأكد ، لا أوافق ، لا أوافق بشدة.

ومن العوامل التي تؤثر في مثل هذه المقاييس المرغوبية الاجتماعية حيث ينسب الفرد المفحوص لنفسه صفات ليس فيه، ولكنها مرغوبة اجتماعياً.

2- قائمة رصد الصفات (The Check List). وهي عبارة عن قائمة من الأوصاف والنعوت، ويطلب من المفحوص أن يشير إلى الفقرة التي يراها تمثل ذاته ، وتكون في الغالب عبارات قصيرة تكون الإجابة عليهــــــــــــــــــــــــــــــــــــــا بــــــــــــــــــــــــــنعم أو لا بحسب انطباقها أو عدم انطباقها على المفحوص ، ومن مزايا هذا النوع من المقاييس أنها سهلة تناسب الأطفال الصغار في اختبار إحدى الاستجابتين.

ومن المآخذ على هذا الأسلوب هو انه قد تضيع كثير من الاستجابات بين نعم ولا بحيث تبتعد عـن الدقة في التقييم.

على سبيل المثال.

أشعر أني متفوق على زملائي.   نعم أو لا

3-   تصنيف كيو (Q Sort)

تتكون هذه الطريقة من عدد كبير من العبارات التي تصـف الـذات قد تصل إلى 150 فقـرة ، وتكتب على بطاقات صغيرة مرقمة ترقيماً متسلسلاً ، وتستخدم لوحة للتصنيف قسمت إلى تسعة أقسـام ، ويطلب من المفحوص أن يصنف هذه العبارات ابتداءً من أقرب نعت إلى ذاته إلى أبعـد نعـت لذاتـه، أو بعبارة أخرى أقصى درجات الانطباق على المستجيب إلى أقصى درجات عدم الانطباق.

وفي جلسة أخرى يصنف المستجيب نفس العبارات مرة أخرى بـنفس الطريقـة بالنسـبة لمفهوم الذات المثالي(كما يود المرء أن يكون) وبعد ذلك تسجل الاستجابات في ورقة خاصة بعد ترتيب البطاقات حسب أرقامها المتسلسلة ، وبعد ذلك يحسب معامل الارتباط بين التصنيف الأول الخـاص بمفهوم الـذات المدرك والتصنيف الثاني الخاص بمفهوم الذات المثالي ، ويمثل معامل الارتباط الناتج درجة مفهوم الـذات أو دليل مفهوم الذات الذي يستخدم في بحوث الشخصية كمؤشر للتوافق.

الشماع[1] ذكرت دراسة تيرنر (Turner) الذي طلب من 175 طالباً تصنيف كيو مرتين على أسـاس الذات والمرة الثانية على أساس الذات المثالية .

---

1) الشماع، نعيمة (1977) الشخصية : النظرية ، التقييم ، مناهج البحث. القاهرة: المطبعة العربية الحديثة ، ص200.

ديموند (Dymond) [1] استخدمت مائة عبارة ثم تنسيقها في تسعة أصناف متسلسلة تضم 1,4,11,21,26,21,11,4,1 من المدركات على التوالي.

وفي هذا النوع مـن المقاييس يجبر الفـرد عـلى توزيـع الفقرات التـي تمثل نعوته عـلى تسع مجموعات.

تتميز هذه الطريقة بأنها سهلة وممتعة ، كذلك تسمح للباحث أن يختار العبارات مـن مصـادر متعددة ، مـن نظرية في الشخصية أو استبانات للشخصية أو من مقابلات للعلاج لكن هذه الطريقة تحتاج إلى وقت طويل.

4- طريقة الاستجابات الحرة Free Response Method.

ومن رواد هذه الطريقة في القياس (Jersild) وسترانج (Strang) (الداوود) [2].

ولهذه الطريقة إجراءات .

أ- إكمال الفقرات الناقصة حيث تعطي عدد من الفقرات ، ويطلب من المفحوص إكمالها مثل:

1- أنني...

2- أشعر بالخوف عندما...

3- أشعر بالارتباك عندما...

4- أتردد عندما...

---

1) المصدر السابق نفسه ، ص191.

2) الداوود، أسعد فرحان محمد، مصدر سابق ، ص13.

ب- كتابة مقالة عن نفسه.

ومن عيوب طريقة الاستجابات الحرة صعوبة في التحليل وإعطاء تقديرات للمفحوصين ، وخاصة في طريقة كتابة مقالة، كما أن الفرد قد يكون مجبراً على إكمال فقرات قد لا تكون ممثلة لمشاعره الحقيقية، كذلك لا نستطيع التحقق من الصدق والثبات وبشكل خاص عند كتابة المقالة.

5- الأساليب الاسقاطية:

أن الطرق الاسقاطية عبارة عن أساليب غير محددة يعطيها الفرد معاني نابعة من باطنه، وهذه الطرق لا تهتم إذا كانت استجابات الفرد صائبة أم خاطئة ، وإنما تهتم بطريقة التعبير عن نفسه. فالطريقة التي يفسر فيها المؤثرات المختلفة تمكن الاختصاصي من استقراء ملامح شخصية الفرد.

وقد استخدمت هذه الأساليب في دراسة مفهوم الذات اللاشعوري من قبل فريدمان(1955) وموسن وجونز (1957) ولنتون وجراهام (1958) . (الداوود)[1].

وقد برروا استخدام هذه الأساليب في أن العناصر اللاشعورية لها صلة وثيقة بنظريات الذات أو السلوك ، حيث أن هناك خصائص هامة تؤثر في السلوك، لا توجد على مستوى الوعي، أما أكثر الطرق الاسقاطية شيوعاً كما ذكرها اندرسون وأندرسون (Anderson and Anderson) [2] اختبار تداعي الكلمات (word association) وترابطها (Jung, 1910) واختبار تكملة الجملة (Sentence completion) (Forer, 1951) واختبار رسم شخص (Draw a person)

1) المصدر السابق نفسه ، ص13.

2) Anderson , H.H and Anderson , G.L. (1951) An Introduction To Projective Techniques And Other Devices for Understanding the Dynamics of Human Behaviour. Prentice – Hall Engle wood Gliffs.

(Machover, 1949) واختبار تفهم الموضوع (Thematic Appreception test) (Murray, 1938)، واختبار رورشاخ (Rorshach, 1942).

وتتميز الأساليب الاسقاطية عن غيرها من الأدوات بخصائص أهمها:

1- عدم إدراك المفحوص غالباً الغرض من الاختيار .

2- ثراء الاستجابات التي تصدر عن المبحوث.

3- حساسية الكشف عن بعض الجوانب اللاشعورية الكامنة في الشخصية .

4- تكشف عن بعض جوانب الشخصية.

5- تتسم ببعدها عن المؤثرات البيئية والثقافية فيه تمثل نموذجاً للاختبارات غير المنحدرة ثقافياً (حسن، عبد العال)[1].

6- المقابلة:

استخدمت هذه الطريقة في الإرشاد والعلاج النفسي لدراسة مفهوم الذات الذي يعد حجر الزاوية في بناء شخصية الفرد، أما أكثر نظريات الإرشاد والتوجيه استخداماً لها نظرية روجرز التي تركز على المسترشد، حيث تتطلب هذه الطريقة أن يقدم المعالج الاحترام غير المشروط للمسترشد ، وأن يسعى لخلق جو من الألفة والمحبة والثقة المتبادلة التي تساعد المسترشد على البوح مما في داخله وخبراته . ويمكن إن يوجه بشكل غير مباشر إلى السلوك المرغوب . إذ تختلف أسلوب هذه المقابلة عن اتجاه التحليل النفسي.

1) حسن ، طلعت ، وعبد العال سيد (1981) المدخل إلى علم النفس ، الدراسة العلمية لسلوك الإنسان. القاهرة: العربي للنشر والتوزيع، ص 23.

وتعد المقابلة من أهم الأساليب التي يمكن أن يحصل الباحث من خلالها على معلومات كثيرة، شريطة ألا يؤثر في استجابات المفحوصين .

وأخيراً لا بد من الذكر ، إن هذه الأساليب لا يمكن تطبيقها في المجال المدرسي مع عدد كبير من التلاميذ، أما أكثر الأنواع التي يمكن استخدامها في إطار المدرسة هي سلالم التقدير وقائمة رصد الصفات.

ويعد النوع الثاني (قائمة رصد الصفات) أسهل استخداماً مع الأطفال الصغار لأن الاستجابة تتطلب نعم أو لا , أما المقاييس المتعددة الدرجات تتميز بكمية المعلومات المقدمة، مما تكون أقدر على إظهار التباين بين المفحوصين أكثر من المقياس الذي يتطلب إجابته نعم أو لا ... لكنه في ذات الوقت يتناسب مع كبار السن.

أمثلة على مقاييس مفهوم الذات.

عرض بيرنز ، (Burns) [1] دراسة مسحية لمقاييس مفهوم الذات التي قام بتطويرها الباحثون، وفيما يلي مجموعة من هذه المقاييس :

1- مقياس كوبر سميث (Coopersmith Self Concept Scale) .

- تدرج المقياس : مستويان (نعم – لا).

- المدى العمري : (16-10) سنة.

- عدد الفقرات : 58

- معامل الثبات : استخدام الاختبار وإعادة الاختبار لفترة زمنية هي (5) أسابيع 88%.

---

1) بيرنز Burns ، مصدر سابق ، ص95-146.

أما معامل الثبات : استخدام الاختبار وإعادة الاختبار بفترة زمنية (3) سنوات مع عينة أخرى تكونت من 55 تلميذاً 70%.

تراوحت معامل الثبات للمحاولات الأربعة الفرعية للمقياس باستخدام معامل الاتساق الداخلي الفا (Alpha) 58%-89%.

معامل الاتساق الداخلي ككل ألفا(Alpha) 87%.

2-   مقياس بيرس هاريس (Piers and Harris Self Concept Scale)

- تدرج المقياس : مستويان (نعم – لا)

- المدى العمري : 8-16 سنة .

- عدد الفقرات : 80 فقرة.

- معامل الثبات : استخدام طريقة الاختبار وإعادة الاختبار بفترة زمنية هي شهران، أربعة أشهر 77%.

- معامل الاتساق الداخلي ألفا(Alpha) 78%-93%.

- معامل الارتباط مع القلق 69%

- معامل الارتباط مع الذكاء متدن ولكنه موجب 32%.

3-   مقياس تينيسي (Tennessee Self concept Scale)

- تدرج المقياس : خمسة مستويات.

- المدى العمري : 12 فأكثر.

- معامل الثبات:باستخدام طريقة الاختبار وإعادة الاختبار كانت 75%-92%.

4- مقياس بليدسو(Pledsoe Self concept Scale)

- تدرج المقياس : ثلاثة مستويات

- المدى العمري: 7-13 سنة

- عدد الفقرات : 30 فقرة .

- معامل الثبات: باستخدام الاختبار وإعادة الاختبار بفترة زمنية هي أسبوعان كان بين 66%-81%.

- معامل الارتباط مع مقياس القلق بين 30%- 46%.

5- مقياس ليبزيت (Lipsitt Self concept Scale).

- تدرج المقياس : خمسة مستويات

- المدى العمري : 9-16 سنة.

- معامـل الثبـات : باستخدام طريقـة الاختبـار وإعـادة الاختبـار هـي أسـبوعان كـان بـين 73%-91%باستخدام التجزئة النصفية (Split Half) كان 88%.

- معامل الارتباط مع مياس القلق (ذوي مفهوم الذات المنخفض هم ذوي القلق المرتفع).

6- مقياس جوردون (Gordon Self concept scale)

- معامل الثبات باستخدام طريقة الاختبار وإعادة الاختبار بفترة زمنية هي أسبوعان كـان بـين 87%-89%.

- معامل ثبات العوامل باستخدام الاختبار وإعادة الاختبار لفترة زمنية هي أسبوعان كـان بـين45%-82%.

- معامل الارتباط بين العوامل مع بعضها ومع المقياس ككل كانت متدنية ولكنها ذات دلالة إحصائية ولم تصل إلى الصفر.

7- مقياس تنيسي لمفهوم الذات الذي ألفه وليم فيتس Fitts، وقام بترجمته وإعداده باللغة العربية صفوت فرج وسهير كامل (1985) [1].

- تدرج المقياس : خمسة مستويات

- المدى العمري : 12 سنة فأكثر.

- عدد الفقرات : 100 فقرة.

وللمقياس صورتان: ارشادية واكلينيكية بحثية وتستخدم فيها البنود ذاتها ، ولكن يكمن الفرق بينهما في طريقة التصحيح . يستخرج من الصورة الإرشادية الدرجات الآتية، نقد الذات، الدرجة الموجبة(الدرجة الكلية، الهوية، الرضا عن الذات، السلوك، الذات الجسمية، الذات الأخلاقية، الذات الشخصية، الذات الأسرية ، الذات الاجتماعية، درجة التغييرية ، درجة التوزيع ، درجة الزمن.

أما الصورة الاكلينيكية البحثية فيستخرج منها الدرجات الآتية ، نسبة الصواب إلى الخطأ ، درجات محصلة الصراع (صراع القبول ، الصراع الانكاري) ، درجات الصراع الكلية، المقاييس التجريبية الستة الآتية : الدفاعات الموجبة ، سوء التوافق العام ، الذهان، اضطرابات الشخصية ، العصاب ، تكامل الشخصية .

8- اختبار مفهوم الذات للكبار لمحمد عماد الدين إسماعيل [2] يتكون المقياس من (100) عبارة يجاب عن كل منها ببدائل تسعة (من صفر -8) ويجيب

---

1) عبد الخالق ، أحمد محمد (1993) استخبارات الشخصية ، ط.2. الإسكندرية : دار المعرفة الجامعية ، ص452.

2) المصدر السابق نفسه ، ص454.

المفحوص الواحد عن عبارات المقياس ثلاث مرات 1. مفهوم الذات الواقعية (فكرة الفرد عن نفسه) 2. مفهوم الذات المثالية، 3. مفهوم الذات لدى الشخص العادي.

وإلى جانب هذه الأبعاد يقيس الاختبار كذلك أبعاد ثلاثة أخرى هـي: التباعد، تقبل الـذات، تقبـل الآخرين.

9- اختبار مفهوم الذات للصغار لمحمد عماد الدين إسماعيل ومحمد أحمد غالي[1].

ولا يختلف هذه المقياس عن المقياس السابق والمتعلق ببناءه إذ يتكون من 100 فقرة في كل منها صفة من الصفات التي يمكن أن تطلق على الذات بوجه عام. وهي تشمل أبعاد ستة هي الذات الواقعية ، المثالية، مفهوم الشخص العادي ، التباعد، تقبل الذات، تقبل الآخرين .

يستجيب المفحوص لكل فقرة ثلاث مرات: تبعاً للـذات الواقعيـة والمثاليـة والمتعلقـة بالشـخص العادي.

وصل ثبات إعادة التطبيق إلى 0,996 ، وحسب الصدق المنطقي وصدق المحكمين.

10- قياس مفهوم الذات للأطفال في سن ما قبل المدرسـة الـذي أعـده حليم بشـاي وطلعت منصـور (1981) [2] أعتمد هذا المقياس في إطاره النظري على ما قدمه "كولر" ويقيس أبعاد خمسة نظرة الطفل إلى علاقاته بالكبار وبالرفاق ونظرته إلى التعلم وإلى الذات الجسمية ، والذات الانفعاليـة . يتكون المقياس

---

1) المصدر السابق نفسه ، ص454.
2) المصدر السابق نفسه ، ص456

مـن (35) زوجاً مـن العبـارات كـل زوج منهـا يمثل عبـارتين إحـداهما إيجابيـة والأخرى سلبية.

مثال : "الطفل الذي يمسك البالون فرحان " و" الطفل الذي يمسك العلم حزين" . ويطلـب مـن الطفل أن يحدد أي الطفلين يشبهه اكثر.

وحسب ثبات اتساق استجابات الطفل لعشرة بنود متكررة عبر تطبيقين يفصلهما ثلاثة أسابيع وصل إلى 685% ، في حين وصل التنصيف بعد تصحيح الطول إلى 0,72 ، وتـم حسـاب الصـدق باسـتخراج معامل الارتباط بين كل بند والدرجة الكلية وكانت جميع المعاملات جوهرية إحصائياً مما يشـير إلى اتسـاق داخلي مرتفع للمقياس.

11- قياس مفهـوم الـذات للأطفـال في مرحلـتي الطفولـة الوسـطى والمتأخرة مـن إعـداد حلـيم بشـاي وطلعت منصور(1982)[1] الذي اعتمد في تصحيحة على فكرة مقياس "بولين سيزر وفيفان شيرمان. يقيس هذا المقياس ثلاثة مجالات هي الخرات المدرسية ، العلاقات مع الأصدقاء ، الخرات الأسريـة . يشتمل المقياس على (35) فقرة ، يجاب عن كـل فقـرة ثـلاث مـرات عـلى أسـاس المقارنـة بـزملاء الفصل، الأهمية بالنسبة للطفل ، الرضا عن النفس.

يصلح هذا المقياس للتطبيق مع أعمار 8-12سنة وصل معامل ثبات التنصيف للمقياس إلى 0,81 ، كما أن معاملات إعادة الاختبار (بعد ستة أسابيع مقبولة لغالبية البنود.

---

1) المصدر السابق نفسه ، ص457.

12- مقياس بيرس وهاريس المطور للبيئة الأردنية [1]

قام أسعد الداوود عام 1982 باشتقاق معايير أردنية لمقياس بيرس – لمفهوم الذات.

تدرج المقياس: مستويان نعم – لا .

المدى العمري : 8-18 سنة.

معامل ثبات المقياس: باستخدام طريقة الاختبار وإعادة الاختبار بفترة زمنية هي 30 يوماً كان 95%.

معامل الارتباط بين المقياس ومقياس (معرب) للقلق (72%).

13- مقياس مفهوم الذات لجمال حميد قاسم المطبق على البيئة العراقية [2]

تدرج المقياس : مستويان (نعم – لا).

المدى العمري: (6-12) سنة

عدد الفقرات: 58.

معامل الثبات : باستخدام طريقة الاختبار وإعادة الاختبار بفترة زمنية قدرها (10) أيام (96%).

1) الداوود، أسعد فرحان ، مصدر سابق.
2) السهروردي، خنساء ناصر الدين (1989) مفهوم الذات لدى أطفال معوقي الحرب، رسالة ماجستير غير منشورة كلية الآداب، جامعة بغداد.

المدخل التطبيقي

الفصل الرابع

مفهوم الذات والتنشئة الأسرية

- مفهوم الذات وأساليب التنشئة الوالدية.
- مفهوم الذات والفقدان
- مفهوم الذات والغياب الأبوي
- مفهوم الذات والخلاف الأبوي
- مفهوم الذات والمرض الأبوي.

مفهوم الذات والتنشئة الأسرية.

إن مفهوم الذات أحد المصطلحات النفسية الأساسية التي تعتبر حجر الزاوية في الشخصية.

يتشكل مفهوم الذات من خلال متغيرات كثيرة تختلف في درجة تأثيرها، وتأخذ الأسرة قصب السباق في هذا الجانب من حيث درجة تأثيرها في تشكيل الملامح الأساسية لما سيكون عليه الطفل، إذ أن الخبرات الأولى التي يمر بها في غاية الأهمية في بلورة شخصيته وما سيؤول إليه.

وتعد العلاقات الأسرية من اكثر العوامل تأثيراً في تشكيل الفروق في مكونات الشخصية.

فمثلاً توصل ميوسيم وآخرون Mussem and others [1] في دراسة هدفت معرفة أثر العلاقة بين الوالدين والأبناء في بناء شخصية المراهقين واتجاهاتهم إلى إن الأبناء الذي لم يحصلوا على عطف أبوي كافٍ كانوا أقل أمناً وأقل ثقة بالنفس، وأقل توافقاً في علاقاتهم الاجتماعية، كما كانوا أقل إندماجاً في المجتمع وأكثر توتراً وقلقاً من هؤلاء الذين يرون إنهم يحصلون على عطف أبوي كافٍ.

أما دراسة روزنبرج Rosenberg [2] فقد أجريت على عينة كبيرة بلغت (5024) من الذكور والإناث تراوحت أعمارهم من 16-18 سنة تم اختيارهم من 10 مدارس مختلفة في ولاية نيويورك. استخدم الباحث مقياساً خاصاً بتحقيق الذات يقيس شعور الفرد نحو ذاته، وشعوره مقارنة بالآخرين. تعلقت أسئلة

1) مصطفى، أحمد تركي (1874) الرعاية وعلاقتها بشخصية الأبناء. القاهرة: دار النهضة العربية، ص78.

2) Bowlby , J , (1973) Attachment and Loss Speration . New York : Perguien Book, pp. 383-384.

المقياس بنظرة الفرد نحو ذاته ، وكذلك أسئلة تتعلق بالأسرة . وقد تم توزيع الأسئلة على أفراد العينة بواسطة المدرسين خلال الدوام المدرسي .

توصلت الدراسة إلى وجود علاقة واضحة بين جوانب نمو الشخصية والصفات الأساسية لبيوت أفراد العينة ، كما أظهرت الدراسة أن الفرد الذي لم يحقق ذاته اتصف بالانفرادية، والقلق، والاكتئاب ، والحساسية من انتقادات الآخرين، بينما الفرد الذي حقق ذاته كان يتصف بالأنشطة الاجتماعية ، والثقة في الآخرين ، والقيادية في مجموعته.

وقد أشار جولد فارب Gold farb[1] في دراسة أجريت على عينتين من الأطفال بأعمار 7.6، 8,5، 12 سنة المجموعة الأولى حضر أطفالها إلى بيوت التبني بعد أن عاشوا مع أسرهم الأصلية، والمجموعة الثانية أطفال المؤسسات .

توصل الباحث إلى أن أطفال بيوت التبني أفضل في علاقاتهم مع العالم الخارجي، ويتصفون بنضج في الشخصية بشكل عام أكثر من أطفال المؤسسات . والخصائص الشخصية لأطفال المؤسسات كانت تتصف بالسلبية واللامبالاة ، وقله الاهتمام والتشاؤم، كما إنهم كانوا أقل شعوراً بالأمن ، وأكثر انفرادية ، ولا يشاركون في العلاقات الاجتماعية الفعالة، ويعانون من صعوبات مدرسية، ويظهرون تأخراً في الكلام ، كما ظهر عندهم القلق وعدم القدرة على التركيز وافتقاد عنصر الإبداع والدافعية ، وسنستعرض أهم المتغيرات الأسرية التي تؤثر في مفهوم الذات .

1) Mc candles, B.R. (1971) Child Behaviour and Development (3rd ed) Holt , Rinehart and winston pp.154-155.

مفهوم الذات وأساليب التنشئة الوالدية.

إن العلاقة بين أساليب التنشئة الوالدية ومفهوم الذات قوية إذ تعد مدخلاً قوياً في تشكيل مفهوم الذات، والأساليب التي يتبعها الآباء والأمهات ليست واحدة وإنما متعددة نتيجة لظروفهم وتكوينهم وتنشئتهم . ومن هذه الأساليب :

أ- أسلوب التحكم والسيطرة التي تتسم بأنها قاسية وصارمة وتحمل الأطفال أكثر من طاقاتهم إذ هي تعتمد الأمر والرفض والعقاب والحرمان ، لذلك يكون الطفل تابعاً فاقداً لإرادته، ويمتثل لما يؤمر به حيث أن الآباء هم الذين يحددون أسلوب حياتهم المتعلق بأنشطتهم ودراستهم ، وماذا يلعب؟ ومع من يلعب؟ إلى غير ذلك .

لذلك يحاول الوالدان تشكيل سلوك أبنائهم وفق معايير صارمة ومحددة غير مبالين بإراداتهم ورغباتهم مما يجعلهم أكثر طاعة واذعاناً للسلطة .

إن هذا الأسلوب يغرز في نفوس الأبناء الخوف والقلق والتردد والانسحاب والكبت مما يؤثر بشكل سلبي في نظرتهم لأنفسهم ، وفي تشكيل مفهوم الذات لديهم، وقد يجعلهم بشخصيات غير مستقرة وغير متوازنة.

ب- أسلوب الحماية الزائدة: وتأخذ أسلوب الحماية المفرطة والاتصال المفرط بالطفل ، أو السيطرة التامة عليه أو التدليل المبالغ فيه إذ يقوم الأب أو الأم أو كلاهما بالواجبات والأمور التي يفترض أن يقوم بها الطفل . وقد تبقى النظرة إليه على أنه طفل صغير رغم تجاوزه مراحل طفولته وأحياناً يسمح له بالنوم مع والديه في أعمار متأخرة الأمر الذي يجعله مسلوب الإرادة، لا يعبر عن رغباته الحقيقية، ويكون معتمداً على غيره ، ولا يستطيع تحمل المسؤولية، وقد يجد صعوبة في مواجهة المشاكل التي تعترضه مستقبلاً مما قد يؤدي إلى

حدوث سوء التوافق الذي يدعوه أحياناً إلى الانسحاب عن المجموعة ، أو قد يشعر بأنه أقل مـن أقرانـه الآخرين، مما يخلق عنده شعوراً بالخوف والخجل ، وقد يؤدي التـدليل والحمايـة الزائـدة كـذلك إلى العصيان، وكثرة المطالب، ونوبات من الغضب الأمر الـذي يـؤثر سـلباً في تكوين علاقات اجتماعيـة سليمة وبالتالي يؤثر سلباً في تشكيل مفهوم الذات .

ج- أسلوب الإهمال: قد يتبع الآباء الإهمال في أسلوب تعاملهم مع أبناءهم بشكل مقصود أو غير مقصود صريحاً أو مستتراً، من خلال عدم اكتراثهم بنظافتهم ورغبـاتهم وحاجاتهم الضـرورية الفـسيولوجية والنفسية ، كما أنهم قد يعزفون عن التعزيز للسلوكات المرغوبة التي يقـوم بها أبنـاؤهم مـما يولـد شعوراً من عدم الانتماء الحقيقي للأسرة ، وقد يخلق كذلك شعوراً بالذنب والقلق .

إن هذا الأسلوب قد يؤدي إلى الانحراف ، كما أنه يعرقل نمو الطفل مـن الناحيـة الجسـمية والعقليـة والانفعالية والاجتماعية ، مما يؤثر سلباً في بلورة شخصية الطفل الأمر الـذي يعكس بظلالـه السـيئ على رؤيته لنفسه.

د- أسلوب التهاون والتراخي: قد يتبع بعض الآباء هذا الأسلوب مـع أبنـاءهم تـاركين الحبـل عـلى الغـارب، ملبين حاجاتهم أياً كانت هذه الحاجات مقبولة أو غير مقبولة ، إذ يحتاج الطفل أحيانـاً إلى ضبط من خلال التوجيه والإرشاد للسلوك المقبول ، أما التهاون والتراخي ومنح الحرية المطلقة دون توجيه وإرشاد من قبل أولياء الأمور سيؤثر سلباً في بناء شخصياتهم ، فيغرز الاعتمادية والذاتية وعدم الإيثار ، كما قد يؤدي إلى عدم النضج الانفعالي والاجتماعي كما ينبغي.

هـ- أسلوب التذبذب: إن التذبذب والتلون في تعامل الأبناء، وعدم الاستقرار على منهجية ثابتة قد يخلـق عند الأبناء القلق والخوف والتردد إذ يستخدم هؤلاء الآباء الثواب والعقاب بشكل عشوائي بعيداً عن العلمية والموضوعية . فقد لا

يعرف الآباء متى يكافأ الطفل؟ ومتى يعاقب؟ مما يجعل الأبناء بشخصيات غير مستقرة الأمر الـذي يـؤثر سلباً في نظرتهم إلى أنفسهم.

و- أسلوب التفرقة: قد يتبع الآباء أسلوب التفرقة من خلال تفضيل أحدهم أو بعضهم على آخرين لأسباب مختلفة كالجنس أو العمر الزمني أو الترتيب الميلادي أو الصحة أو الشكل الخلقي أو نتيجة لتعدد الزوجات، وقد يكون من الأب أو الأم أو كليهما . فعلى سبيل المثال قد يكون الأب سهلاً ليناً مع الولد لكنه صارم شديد مع البنت، وقد يتلقى الأول التعزيز المستمر بينما يكون التعزيز شحيحاً جداً مع البنت، إن هذا الأسلوب لا يخلق أجواءً واحدة للأبناء لتنمية قدراتهم واستعداداتهم ، لا بل يخلق أحياناً أنات داخلية قد تفرز بشكل سلوك غير مقبول أو قد يؤدي به إلى الانسحاب والتذمر ، وقد يعبر عنه بسلوكيات عدم الطاعة والعصيان والعدوان بأشكال متنوعة، كما قد يخلق أسلوب التفرقة الكراهية والبغضاء والغيرة لذلك يعد أسلوب التفرقة من الأساليب التي تؤثر في نظرة الأبناء لأنفسهم وفي تشكيل مفهوم الذات لديهم .

وأما الدراسات التي بحثت أنماط المعاملة الوالدية فهي كثيرة نستشهد ببعض منها ، ونبدأ بدراسة زين الدين [1] التي هدفت معرفة أثر أساليب المعاملة الوالدية في الجنوح ومفهوم الذات، تكونت عينة الدراسة من (200) حالة تراوحت أعمارهم ما بين (12-17) سنة، قسمت العينة إلى مجموعتين تجريبية وعددها (80) نصف يمثل المدنية والنصف الآخر يمثل الريف . أما المجموعة الضابطة فبلغت (120) فرداً نصف يمثل المدينة والنصف الآخر يمثل الريف .

---

1) زين الدين، نظيمة (1969) أثر بعض أساليب المعاملة الوالدية في جناح الأحداث في سورية. رسالة ماجستير غير منشورة كلية البنات ، جامعة عين شمس .

استخدمت الدراسة الأدوات التالية:

اختبار الذكاء المصور ، اختبار روجرز لدراسة شخصية الأطفال واختبار مفهوم الذات للصغار واستفتاء أساليب المعاملة .. توصلت الدراسة إلى وجود فروق بين الجانحين والأسوياء في كل من المدينة والريف فيما يتعلق بمشاعرهم اتجاه أساليب الرعاية التي تعرضوا لها، والمعاملة التي عوملوا بها من قبل الوالدين ، فكانت بالنسبة للجانحين من النوع الخاطئ ، حيث اتصفت المعاملة بالشدة والقسوة والعنف والإهمال وخاصة من قبل الآباء ، وباللين والرعاية الزائدة من قبل الأمهات . وأن الوالدين أسهموا إسهاماً فعالاً ، ولعبا دوراً مهماً في انحراف الطفل وجنوحه ، وإن الجانحين كانوا أكثر شعوراً بالنقص من الأسوياء ، وعلى درجة عالية من سوء التكيف الاجتماعي بشكل عام والعائلي بشكل خاص، ومستوى عال من أحلام اليقظة والاستغراق في الوهم والخيال، ومستوى عالٍ من القلق والتوتر الانفعالي.

كما يتميزون بعدم تقبلهم لذواتهم ومن حولهم، وشعورهم بالتباعد بينهم وبين معظم الآخرين، كما أظهرت النتائج أيضاً أنه لا توجد فروق بين الجانحين في المدينة والجانحين في الريف من حيث تكوين الشخصية والأنماط السلوكية السائدة.

يظهر من خلال الدراسة أثر أنماط التربية الوالدية في تشكيل الشخصية بشكل عام ومفهوم الذات بشكل خاص.

ومن الدراسات التي بحثت العلاقات الوالدية بالأبناء دراسة حسن[1] التي هدفت معرفة علاقة الوالدين بالطفل وأثرها في الجنوح الصبياني وسمات الشخصية.

1) حسن، محمد علي (1970) علاقة الوالدين بالطفل وأثرها في جنوح الأطفال . القاهرة: مكتبة الانجلو مصرية.

تكونت عينة البحث من :

1- (50) جانحاً من مؤسسة الزكاة للرعاية الاجتماعية بالقاهرة يمثلون العينة التجريبية ,

2- (50) غير جانح يمثلون العينة الضابطة.

تراوحت أعمار العينة بين (10-15) سنة وهي متباينة في الدخل والمستوى الثقافي والمهني وعدد أفراد الأسرة.

قسمت أساليب المعاملة الوالدية إلى:

أ- الحب والعطف.

ب- الإهمال والقسوة.

ج- النبذ والتقبل

د- الشدة والسيطرة .

هـ- العقاب بأنواعه.

توصلت الدراسة إلى النتائج التالية:

1- توجد فروق ذات دلالة إحصائية بين الجانحين وغير الجانحين فيما يتعلق بظروف طفولتهم وتنشئتهم الاجتماعية إذ تبدو طفولة الجانحين أكثر إحباطاً وأكثر سوءاً وقسوة ، ومن أبرز مواقف الإحباط التي عانوها في حياتهم – الحرمان، النبذ، الإهمال، القسوة.

2- توجد فروق ذات دلالة إحصائية بين المجموعتين فيما يتعلق بأسلوب معاملة الوالدين، إذ يغلب على معاملة المجموعة الجانحة الشدة، القسوة، النبذ، الإهمال، عدم تقبل الطفل .

3- يغلب على أسر الجانحين الخلافات المستمرة بين الوالدين .

4- الجانحون أكثر سوءاً بسوء التكيف العائلي وأقل اتصالاً نفسياً مع والديهم وخصوصاً الآباء.

5- الجانحون أكثر شعوراً بالنقص من غير الجانحين .

6- الجانحون أكثر شعوراً بالقلق من غير الجانحين وأكثر سوءاً في تكيفهم الاجتماعي.

وقد ذكرت جبالي (1991) [1] إحدى الدراسات العربية التي قام بها شفيق عام (1989) والتي هدفت دراسته الكشف عن العلاقة بين أساليب التنشئة الاجتماعية التي يستخدمها الوالدان في تربة أبنائهم ومفهوم الذات عند هؤلاء الأبناء .

تكونت عينة الدراسة من (408) طالب وطالبة من الصف الثاني الإعدادي نصفهم ذكور والنصف الآخر إناث .

استخدم في الدراسة استبياناً للتنشئة الاجتماعية تتكون من (45) فقرة وهو مختصر لاستبيان التنشئة الاجتماعية للسفار (1984) واستخدم كذلك قائمة مفهوم الذات للأطفال الذي طوره عبد الله الكيلاني وعلي عباس (1980) وقامت الباحثة باختصاره إلى (70) فقرة.

---

1) جبالي ، صفية محمود يوسف (1991) العلاقة بين أساليب الوالدين في التنشئة الاجتماعية ومفهوم الذات عند طلبة الصف الثاني. رسالة ماجستير غير منشورة ، جامعة اليرموك ، اربد ، الأردن.

كشفت نتائج الدراسة على وجود علاقة ارتباطية ذات دلالة بين التنشئة الاجتماعية ومفهوم الذات واظهرت ان الاطفال الذين يتربون في جو من الديمقراطية يتفوقون في مفهوم الذات على الذين يتربون في أجواء من الحماية والسيطرة .

ومن الدراسات الأجنبية التي بحثت أنماط التربية المقدمة للأبناء.

دراسة ليتوفسكي وديوسك(Litovsky and Dusek, 1985) [1] التي هدفت معرفة مفهوم الذات لدى المراهقين من حيث علاقته بإدراك المراهقات للممارسات الوالدية لدى عينة من (130) طالباً وطالبة من الصف السابع والثامن والتاسع.

طلب منهم الإجابة على قائمة (CRPBI)

Childrens Report of Parental Behaviour Inventory

أظهرت النتائج وجود ارتباط موجب بين بعد التقبل / الرفض في قائمة (CRPBI) ومتغيرات تقدير الذات، كما أن المراهقين ذوي تقدير الذات المرتفع أدركوا والديهم بأنهم أكثر تقبلاً لهم من المراهقين ذوي تقدير الذات المنخفض.

تشير هذه النتائج بشكل واضح إلى أن التطور الأفضل والسليم لمفهوم الذات لدى الأفراد يتم من خلال الجو الأسري الصحي الذي يتصف بالتقبل والدفء/ وتوفير الفرص اللازمة لتعلم الكفاءة والاستقلال.

أما دراسة دنيس وبياني (Dennis and Paini) [2] فقد بحثت العلاقة بين المراهقين وشخصية الآباء في تطور الشخصية لدى أبنائهم وتأثير نمط التربية التي

---

1) Litovsky, V.G, and dusek, J.B (1985) Perceptions of children rearing and self concept development during the early adolescent years. Journal of Youth and Adolescent . No. 5 . pp 373-386

2) Dennis , R and Paini , T (1989) Early adolescent age of gender differences in Parents and friends, ERIC. Resources in Education , April pp.27-30

يتبعها الآباء في كشف الذات لدى المراهقين تألفت العينة من (174) طالباً من المرحلة الإعدادية تراوحت أعمارهم بين (12-15) سنة.

ومن النتائج التي توصلت إليها الدراسة أن الأسرة التي يتصف فيها الآباء بالدفء والتسامح والمحبة كان أبناؤهم أكثر كشفاً لذاتهم من الأسر التي تتصف بالقسوة والتسلط والسيطرة .

يظهر من خلال ذلك الأثر الكبير لأنماط التربية التي يتبعها الآباء إذ أن الكشف عن الذات يحمل في طياته الإيجابية نحو الذات، لأن الإنسان بشكل عام يحاول أن يظهر السمات الإيجابية، وفي ذات الوقت يتجنب أو يخفي السمات السلبية.

بالرغم من أن كثير من الدراسات توصلت إلى الأثر الكبير لأنماط التعامل الوالدية مع الأبناء إلا أن درجة تأثير هذه الأنماط قد يختلف وفق المرحلة العمرية، فهي تختلف بطبيعة الحال بين مرحلة الطفولة ومرحلة المراهقة ، فلكل مرحلة متطلباتها والتي يجب إن تدرك من قبل الآباء.

إن اتجاهات الوالدين نحو أبنائهم يرسم نمط التعامل الذي يؤثر بدوره في رسم ملامح الشخصية بشكل عام ومفهوم الذات لدى الأبناء بشكل خاص.

ومن الدراسات التي أجريت في هذا الشأن دراسة عبد الفتاح [1] التي هدفت معرفة أثر اتجاهات الوالدين نحو أطفالهم في مفهوم ذواتهم وتقديرهم لها.

1) عبد الفتاح ، فاتن (1986) اتجاهات الوالدين نحو أطفالهم وأثر ذلك في مفهوم ذواتهم وتقديرهم لها ، رسالة ماجستير غير منشورة كلية الآداب، جامعة الزقازيق.

تكونت عينة الدراسة من (150) تلميذاً وتلميذة في مدرستين الأولى ابتدائية والثانية إعدادية ، تراوحت أعمار العينة ما بين (10-13) سنة.

استخدمت الدراسة الأدوات التالية:

اختبار الاتجاهات الوالدية.

اختبار مفهوم الذات للصغار

اختبار تقدير الذات للأطفال.

توصلت الدراسة إلى وجود تأثير الاتجاهات الوالدية المتمثلة في التذبذب في مفهوم الذات المثالية عن الأبناء .

ويوجد تفاعل "تأثير مشترك بين متغير الصف وكل من اتجاه الإهمال ، واتجاه التدليل في مفهوم الذات الواقعية عند الأبناء .

وهكذا يتبين من خلال الدراسات السابقة بما لا يدع مجالاً للشك الأثر الكبير لأساليب التعامل الوالدية في تشكيل مفهوم الذات لدى الأبناء، وإن العلاقة ترابطية بين الأسرة وخصائص أبنائهم، لذلك نجد فروقاً بين الأسر الديمقراطية والأسر المتذبذبة المتهاونة والأسر التسلطية أو غيرها في تشكيل خصائص أبنائهم.

فالأسر الديمقراطية مثلاً تتميز بأنها متفتحة ومرنة، ويكون النقاش المنطقي والموضوعي هو السائد في علاقاتهم مع أبنائهم ، والعلاقات الناضجة يكون لها عظيم الأثر في نضج شخصيات أبنائهم ، إذ يدعو إلى الشعور بالكفاية الاجتماعية والنفسية ، ويكون الفرد أكثر تحملاً للمسؤولية وتأكيداً للذات.

بينما الأبناء الذين ينشأون في أسر متسلطة يكونون أقل تكيفاً من الناحية الاجتماعية والنفسية ، وأكثر سلبية وأكثر اعتمادية وأقل تأكيداً للذات.

وأوكد في هذا الجانب أهمية التأكيد على الجوانب المشرقة للأبناء لأنها تحمل في طياتها عوامل الدفع وتفجير الطاقات فضلاً عن إمكانية تذليل أو إطفاء السلبيات إن وجدت، لأن الفرد يستجيب لرؤية الآخرين وخاصة القريبين منه، كالأسرة ، فالطفل الذي يراه والداه على أنه ذكي ومحبوب وجميل ، سيرى نفسه كذلك، وهذا على غاية من الأهمية ، ولا تقتصر تلك الرؤية الإيجابية للذات على الفرد نفسه، وإنما تكون حالة مشرقة ودافعة للتعامل المثمر في البيئة التي يعيش فيها .

ولا بد أن أشير إلى نقطة مهمة، وهي ضرورة التوافق بين الآباء على منهجية واحدة في التعامل مع الأبناء ، لأن ذلك يؤدي إلى الاستقرار ووضوح الرؤية نحو الذات .

أما إذا كان هناك تناقض في الرؤية والتعامل بين الأب والأم فإن ذلك يخلق حالة من تشوش مفهوم الذات لدى أبنائهم.

مفهوم الذات والفقدان

إن موت أحد الوالدين أو كليهما يؤثر بشكل سلبي في مفهوم الطفل لنفسه لأن الشعور بالمحبة والقبول والشعور بالانتماء والحصول على الرعاية والعناية والتوجيه والتعلم من الوالدين حاجات ضرورية في حياة الطفل وخاصة في سنواته الأولى ، وقد يختلف تأثير موت الأب وفقاً لطبيعة المجتمع . ففي المجتمع الشرقي الذي يتميز بالأسرة الممتدة قد لا يكون تأثير موت الأب كما هو الحال في الأسر الضيقة إذ قد يتوفر في الأسر الممتدة من يعوض   الطفل حناناً وحباً ورعاية ولكن لا يمكن أن يكون هناك بديل على الدرجة ذاتها من النفس الحقيقي لتحقيق حاجات الطفل كما يمنحها الأب أو الأم.

كما أن غياب الأب يكون له تأثير كبير في الولد أكثر من البنت لأن الولد أقرب إلى الأب من البنت، حيث يصطحب الأب الولد لأماكن مختلفة إضافة إلى موقفه منه، وخاصة في مجتمعنا الشرقي .

وفي هذا السياق قد يكون موت الأم له تأثير كبير في البنت اكثر من موت الأب لأن البنت غالباً ما تكون متعلقة بالأم أكثر من الأب.

ولهذا فقد ذهب الطويبي[1] للقول من خلال الدراسات التي اعتمد عليها بأن نسبة الجنوح عالية بين الأولاد الذكور الذين فقدوا آباءهم بالموت أو الطلاق أو الانفصال ، وعاشوا مع أمهاتهم، بينما كانت النسبة ضمن المعدل بالنسبة للأولاد الذكور الذين فقدوا أمهاتهم وعاشوا مع آبائهم ، كما أن نسبة الجنوح عالية بين

---

1) الطويبي ، عمر بشير (1992) التدريس والصحة النفسية للتلميذ. ليبيا: الدار الجماهيرية للنشر والتوزيع والإعلان ، ص126.

البنات اللائي فقدن أمهاتهم وتربين مع آبائهن بدرجة أكثر مما كانت عليه عند البنات اللائي فقدن آبائهن وتربين مع أمهاتهن .

ومن الدراسات التي بحثت تأثير فقدان الأب في مفهوم الذات دراسة سنجر (Singer)[1] التي هدفت معرفة فيما إذا كان هناك فرق ذو دلالة إحصائية في مفهوم الذات بين الأطفال من الأسر أحادية الأبوين والأطفال من أسر ثنائية الأبوين .

تكونت العينة من (120) تلميذاً وتلميذة من خمس مدارس في ولاية فلوريدا يمثلون الصف الأول والثالث الابتدائي ، وكانوا على الوجه التالي:

(60) تلميذاً وتلميذة من الذين يعيشون في أسر ثنائية .

(60) تلميذاً وتلميذة من الذين يعيشون في أسر أحادية.

توصلت الدراسة إلى وجود فرق ذي دلالة إحصائية عند مستوى (0,05) في مفهوم الذات بين الأطفال ذوي الأسر الأحادية وأقرانهم الذين يعيشون مع والديهم ولصالح المجموعة الثانية ، وظهر فرق بين الذكور والإناث من الأسر الأحادية في مفهوم الذات ولصالح الاناث. ولم نظهر خلال الدراسة فروق ذات دلالة إحصائية بين تلاميذ الصف الأول والصف الثالث على استبيان مفهوم الذات.

أظهرت الدراسة أثر فقدان الأب في التنشئة ، وهي نتيجة منطقية تتفق مع كثير من الدراسات في هذا الصدد، ولكنني في ذات الوقت أتحفظ للنتيجة التي توصلت إليها الدراسة التي تتعلق بعدم وجود فرق بين الجنسين إذ أن كل مجتمع يتوقع في الذكور سلوكات وسماتاً للشخصية قد تختلف عن تلك التي يتوقعها في

---

1) Singer , K,D (1978) A Comperative study of self concept children from parent home environment and children from two parents home environment . Dissertation Absatract International 39,1, September , 1978.

الإناث ، كما أن غياب الأب قد يكون تأثيره في الولد أكثر من تأثيره في البنت لتعلق الولد بأبيه أكثر من البنت.

أما كولنز(Collins)[1] فهدفت دراسته إلى معرفة فيما إذا كان هناك فرق في مفهوم الذات بين الطلبة من الأسر الأحادية الأبوين والأسر الثنائية الأبوين تبعاً لمستوى القراءة (المنخفض ، الوسط، العالي). طبق البحث على عينة متكونة من (100) طالب وطالبة في الصف السابع بأعمار تتراوح بين (13-12) سنة قسموا إلى مجموعتين متساويتين ليمثلوا الأسر الأحادية والثنائية بعد أن صنفوا على أساس مستواهم القرائي وطبق عليهم مقياس مفهوم الذات فضلاً عن معدلات تحصيلهم الدراسي.

توصل الباحث من خلال استخدام تحليل التباين الثلاثي إلى عدم وجود فرق ذي دلالة إحصائية بين الطلبة من ذوي المستوى القرائي المتوسط الذي هم من اسر أحادية وأقرانهم الذين يعيشون في كنف والديهم على مقياس مفهوم الذات.

والنتيجة نفسها ظهرت عند مقارنة الطلبة ذوي المستوى القرائي العالي من الأسر الأحادية بأقرانهم الذين يعيشون مع والديهم على مقياس مفهوم الذات .

ولكن ظهر فرق ذو دلالة إحصائية عند مقارنة ذوي المستوى القرائي المنخفض من الأسر الأحادية وأقرانهم الذين يعيشون مع والديهم على مقياس مفهوم الذات.

---

1) Collins, B (1981) Self concept : Astudy of junior high students from one parent families and two parents families. Dissertation Abstracts International 41. 4, October , p. 1460.

وقد يرتبط المستوى القرائي بشكل خاص أو التحصيل الدراسي بشكل عام بالمرحلة العمرية التي فقد فيها الأبناء آباؤهم والذي ينعكس بدوره على مفهوم الذات .

وفي هذا الصدد أجرى بيري وبونسيني (Berry and Poncini)[1] دراسة هدفت اختبار تأثير فقدان الأب المتأخر والمبكر في التحصيل الدراسي ومفهوم الذات.

شملت العينة (27) طفلاً من الاستراليين تراوحت أعمارهم بين (9-12) سنة توزعت إلى ثلاث مجموعات .

1- المجموعة الأولى تعرضت للحرمان الأبوي (بسبب الوفاة). قبل سن خمس سنوات (الحرمان المبكر).

2- المجموعة الثانية تعرضت للحرمان الأبوي (بسبب الوفاة) بعد سن 5 سنوات (الحرمان المتأخر).

3- المجموعة الثالثة كانت تعيش في كنف والديهم (لم تتعرض للحرمان الأبوي).

توصلت الدراسة إلى وجود فروق ذات دلالة إحصائية بين أفراد العينة الذين فقدوا آبائهم والذين لم يفقدوا آبائهم على مقياس مفهوم الذات ولصالح المجموعة الأخيرة .

1) Berry , K and Poncini, M .(1982) Father absence and school achievement in Austarlian boys , In ERIC 1-18-3 March . 1983.

أما تروجيو (Trocchio)[1] فقد تطرق إلى أنواع ثلاثة من الفقدان هي "الطلاق، الموت، الانفصال ، وهي وإن كانت لها تأثير في تشكيل مفهوم الذات إلا أنها لا يمكن أن تكون بنفس الدرجة ، كما صنف الفقدان حسب الأعمار. تكونت عينة البحث من (72) زوجاً يتكون كل زوج من الأم وابنها، وقد صنفوا حسب الأعمار التي فقدوا بها آباؤهم وهي :

1- 0-3 سنوات

2- 3-7 سنوات

3- 7-10 سنوات

كما صنفوا حسب سبب الفقدان (نتيجة للطلاق ، الموت، الانفصال) وبذلك تكون كل مجموعة متكونة من (12) زوجاً) .

استخدم الباحث الأدوات التالية:-

1-   قائمة تقدير السلوك.

2-   مقياس رسم الصور الشخصية ومقاييس إضافية في قائمة الشخصية للأطفال .

3-   مقاييس تقدير الخصائص الشخصية ، وبذلك أصبح التقرير الذاتي يتكون من (300) فقرة.

4-   درجات تقييم الأم للابن المحصلة من (15) متغيراً من المتغيرات التابعة.

---

1) Trocchio , T.M. (1982) The effect of father absence on male adolescent Dissertation Abstracts International – 4, 2, 9,p.25-39.

أظهرت النتائج أن الأطفال الذين فقدوا آباؤهم في أعمار متأخرة أكثر عدوانية وكآبة وجنوحاً وسوء تكيف من الأطفال الذين فقدوا آباؤهم في أعمار مبكرة ومتوسطة .

ومن نتائج البحث الأساسية هو إن مستوى القلق يقل بزيادة العمر في كل مجموعة إذ أن فقدان الأب عندما يكون الطفل في عمر مبكر قد يؤثر في العلاقة بين الطفل وأمه بسبب عدم التوازن الذي ينتج من فقدانها لعلاقتها بزوجها .

أما النتيجة الأساسية الثالثة فتشير إلى أن الأولاد الذين فقدوا آباؤهم بسبب الطلاق كانوا أكثر استقلالية وجنوحاً (إهمالاً وتقصيراً) من الأولاد الذين فقدوا آباؤهم بسبب الوفاة .

ومن الدراسات العربية التي بحثت موضوع الحرمان الأبوي وأثره في مفهوم الذات دراسة الدمرداش (1976) [1] التي هدفت معرفة أثر الحرمان الأبوي في مفهوم الذات قياساً بأقرانهم الذين يعيشون مع آبائهم .

شملت العينة (200) تلميذ في الصف الرابع الابتدائي ، تراوحت أعمارهم بين (11-15) سنة مقسمين على فئتين، الأولى فئة التلاميذ الذكور غير المحرومين من الأب وعددهم (50) ، والثانية تمثل التلاميذ المحرومين من الأب وعددها (150) تلميذاً موزعين على ثلاث مجموعات بالتساوي طبقاً لنوع الحرمان (وفاة الأب ، الأنفصال ، الغياب بسبب العمل) وقد حددت الباحثة زمناً للحرمان بحيث لا يقل عمر الطفل عن خمس سنوات وقت حدوث الحرمان، كما حددت فترة الغياب بمدة لا تقل عن سنة.

---

1) الدمرداش، إحسان محمد (1976) مفهوم الذات عند الأطفال المحرومين من الأب، رسالة ماجستير غير منشورة كلية البنات ، جامعة عين شمس.

وقد كوفئت المجموعتان من حيث المتغيرات التالية: العمر ، الذكاء ، المستوى الاقتصادي والاجتماعي الذي شمل المستوى المهني والدخل الشهري والمستوى التعليمي للوالدين .

استخدمت الباحثة الأدوات التالية:

1-   اختبار مفهوم الذات الذي أعده محمد عماد الدين ومحمد أحمد غالي.

2-   اختبار الشخصية الذي أعده عطية محمد هنا.

3-   اختبار الذكاء المصور الذي أعده احمد زكي صالح.

توصلت الدراسة إلى أن هناك فروقاً ذات دلالة معنوية عند مستوى (0,05) على مقياس تقبل الذات وتقبل الآخرين بين مجموعتين الحرمان(بسبب الوفاة) وأقرانهم الذي يعيشون مع آبائهم ولصالح المجموعة الأخيرة . أما مجموعة الغياب عن العمل ، فلم تظهر الدراسة فروقاً ذات دلالة إحصائية بينهم وبين التلاميذ الذين يعيشون مع آبائهم على مقياس تقبل الذات وتقبل الآخرين ، كما لم تظهر فروقاً ذات دلالة إحصائية بين مجموعة الانفصال وبين التلاميذ الذين يعيشون مع آبائهم على مقياس تقبل الذات ، ولكن أظهرت الدراسة فرقاً ذا دلالة إحصائية عند مستوى "(0,05) على مقياس تقبل الذات ولصالح التلاميذ الذين يعيشون مع آبائهم.

وهناك دراسات كثيرة تعرضت إلى الظروف التي مر بها العراق خلال الحرب العراقية الإيرانية والشهداء الذين وقعوا في المعركة إضافة إلى المفقودين والأسرى والذي كان له أثره الكبير في عملية تنشئة الأطفال .

فقد هدفت دراسة القيسي [1] المقارنة بين مفهوم الذات وفق متغيرات الاستشهاد ، الفقد، الأسرى، الموت الطبيعي والأطفال الذين يعيشون في كنف والديهم .

تكونت العينة من (344) تلميذاً مقسمين على النحو الآتي:

81 تلميذاً من أبناء الشهداء.

42 تلميذاً من أبناء المفقودين .

54 تلميذاً من أبناء الأسرى .

84 تلميذاً من فاقدي الآباء في ظروف طبيعية .

83 تلميذاً يعيشون مع آبائهم في المدارس نفسها التي اختيرت عشوائياً.

استخدم الباحث مقياس مفهوم الذات لساهرة عبد الله الفياض(1986) الذي طبق على تلاميذ الصف السادس الابتدائي . توصلت الدراسة إلى :

1-   وجود فرق ذي دلالة إحصائية عند مستوى (0,05) بين التلاميذ فاقدي الآباء وأقرانهم الذين يعيشون مع آباؤهم ولصالح المجموعة الأخيرة، حيث كان هناك فرق بين:

أ-   أبناء الأسرى وبين التلاميذ الذين يعيشون في كنف والديهم .

ب- (0,001) بين أبناء المفقودين في الحرب وأقرانهم الذين يعيشون مع آبائهم .

---

1) القيسي، طالب ناصر حسين (1988) دراسة مقارنة في مفهوم الذات لدى أبناء الشهداء قبل وبعد استشهادهم ولدى أقرانهم في المرحلة المتوسطة . رسالة ماجستير غير منشورة ، كلية التربية ، الجامعة المستنصرية، العراق.

ج- التلاميذ الذين توفي آباؤهم في ظروف طبيعية والتلاميذ الذين يعيشون مع آبائهم .

2- كانت الفروق لصالح أبناء الشهداء في الحالات الآتية:

أ- بين أبناء الشهداء وأقرانهم في أبناء المفقودين في الحرب.

ب- أبناء الشهداء وأقرانهم الذين توفي آباؤهم في ظروف طبيعية .

3- كانت الفروق لصالح أبناء الأسرى.

أ- بين أبناء الأسرى وأقرانهم من أبناء المفقودين في الحرب .

ب- بين أبناء الأسرى وأقرانهم الذين توفي آباؤهم في ظروف طبيعية .

4- لا توجد فروق ذات دلالة إحصائية في مفهوم الذات عند مستوى (0,05) بين:

أ- أبناء الشهداء وأقرانهم من أبناء الأسرى .

ب- أبناء الشهداء وأقرانهم الذين يعيشون مع آبائهم.

5- (0,001) بين أبناء المفقودين في الحرب وأقرانهم الذين توفي آباؤهم في ظروف طبيعية .

تعلقت هذه الدراسة بمرحلة عمرية تمثل الطفولة المتأخرة حيث وازن الباحث بين مفهوم الذات وفق متغيرات أربعة ، وظهر إن هناك فرقاً في مفهوم الذات تبعاً لسبب الفقدان، هل هو الاستشهاد، أو الفقد في المعركة، أو الأسر، أو الوفاة الطبيعية وكانت لصالح الأسباب الثلاثة الأولى حيث ظهر فرق دال إحصائياً بين أبناء الشهداء وأبناء المفقودين وأبناء الأسرى والأبناء الذين توفي آباؤهم بظروف

طبيعية ولصالح الثلاثة الأولى، لأن النظرة إلى الشهيد والفقيد والأسير نظرة احترام وتقدير من قبل المجتمع الأمر الذي ينعكس بشكل إيجابي على رؤية الطفل نفسه.

كما لم يظهر فرق دال إحصائياً بين أبناء الشهداء وأقرانهم الذين يعيشون في كنف والديهم بالرغم من الدور الكبير الذي يلعبه الأب في تنشئة الأبناء ، وذلك لأن النظرة إلى الشهيد نظرة احترام وتقدير ومبعث اعتزاز وفخر بالنسبة للأبناء في مرحلة عمرية لم يصل فيها بعد إلى النضج الواعي لتقدير الاستشهاد كما هو الحال بالنسبة لمرحلة عمرية متقدمة، إذ يمكن القول إنه كلما كبر الابن سناً أدرك الدور الذي قام به أبوه في الذود عن الكرامة والشرف والوطن والدفاع عنه بأسمى شيء وهو النفس مجسداً في ذلك القيم العليا التي تكون موضع فخر واعتزاز وتقدير من قبل المجتمع بشكل عام .

لذلك نرى أن هناك اختلافاً في النتائج تبعاً للمرحلة العمرية .

وفي هذا السياق أجرى مصطفى [1] دراسة هدفت معرفة تقدير الذات لدى الأبناء وفق متغيرات الاستشهاد والوفاة الطبيعية والأبناء الذين يعيشون مع والديهم في مرحلة المراهقة ولكلا الجنسين.

تكونت عينة البحث من (300) طالب وطالبة بواقع (150) طالباً و(150) طالبة مقسمة إلى ثلاث مجموعات:

1- 100 طالب وطالبة يمثلون أبناء الشهداء.

2- 100 طالب وطالبة يمثلون أبناء المتوفين.

3- 100 طالب وطالبة يمثلون أبناء الأحياء.

1) مصطفى ، يوسف حمة (1990) معاملة الوالدين وعلاقتها بتقدير الذات لدى المراهقين من أبناء الشهداء وأقرانهم. رسالة ماجستير غير منشورة، كلية الآداب ، جامعة بغداد.

ومن ضمن النتائج التي توصلت إليها الدراسة هي:-

1- إن تقدير الذات لدى أبناء الشهداء أعلى من تقدير الذات لأبناء المتوفين والأحياء حيث كان الفرق دالاً إحصائياً عند مستوى (0,05).

2- تقدير الذات للمراهقين أعلى من تقدير الذات للمراهقات حيث كان الفرق دالاً إحصائياً عند مستوى (0,05).

إن النتيجة الأولى منطقية لما أسلفنا سابقاً ، كما أن النتيجة الثانية مقبولة تماماً لأن العلاقة التفاعلية بين الآباء والذكور أشد من العلاقة بين الآباء والإناث في حيث تكون العلاقة بين البنات في هذه المرحلة أشد من الأمهات قياساً بالآباء، وإن الذكور أكثر تجسيداً لمعاني الرجولة والشهامة وأكثر اعتزازاً وفخراً بالمواقف الرجولية من البنات الأمر الذي انعكس في مقياس تقدير الذات على المراهقين أكثر من المراهقات.

لقد أظهرت الدراسات السابقة الأثر الذي يتركه الفقدان في تنشئة الأطفال ولكن هناك متغيرات تتدخل في درجة تأثير ذلك الفقدان في الأبناء وهي :-

أ- شكل الفقدان هو موت، أسر ، استشهاد ، طلاق. ولا تكون هذه الأشكال على درجة واحدة في التأثير فمثلاً يكون الطلاق في تقديري أشد الأنواع تأثيراً في الأبناء لما يتركه من آثار نفسية متردية على الزوج والزوجة في أغلب الأحيان ، والتي تترك بصماتها على الأطفال.

كذلك الحال إذا قارنا بين الموت والأسر فقد يكون الثاني أكثر تأثيراً من الأول، لأن الإنسان يسلم أمره إلى الله في حالة الموت، لكنه في حالة الأسر سيعاني كثيراً في انتظار فك الأسر أو يؤول الحال إلى ما هو أسوء . وهذه المعاناة النفسية وخاصة من قبل الأم ستفرز بظلالها على الأبناء.

ب-   نوع الفقدان هل هو فقدان الأب أو الأم أو كليهما؟ إذ يكون فقدان الأب أكثر تأثيراً في الابن في مراحل معينة من البنت، كما يكون في ذات الوقت فقدان الأم على البنت أكثر من الولد . لأن الأب غالباً ما يتعلق في الولد، وخاصة في مجتمعنا الشرقي، بينما تكون البنت أكثر تعلقاً بالأم. وقد أشرنا سلفاً إلى ما توصل إليه الطويبي من خلال الدراسات الكثيرة التي تعلقت بهذا الموضوع.

أما إذا كان الفقدان لكلا الأبوين فذلك له أثر كبير جداً في تنشئة الأطفال وقد يكون هؤلاء الأطفال أكثر عرضة للجنوح وعدم التكيف الاجتماعي والنفسي، كما يؤثر في ذات الوقت في نضجهم العقلي والجسمي.

جـ-   عمر الأبناء عند حدوث الفقدان حيث تختلف درجة التأثير باختلاف العمر الزمني والعقلي إذ يكون الفقدان أكثر تأثيراً في مرحلة الطفولة المبكرة لأهمية هذه المرحلة وحساسيتها في تشكيل الملامح الأساسية لما سيكون عليه الطفل مستقبلاً.

كما يكون تأثير فقدان الأم أكثر بكثير من فقدان الأب في مرحلة الرضاعة على الأبناء سواءً كانوا إناثاً أو ذكوراً.

وفي هذا السياق يمكن القول أن فقدان الأب في هذه المرحلة أقل تأثيراً من المراحل العمرية اللاحقة وخاصة في الأسر الممتدة.

د-   نوع الأسرة : تتأثر درجة تأثير الفقدان بنوع الأسرة من حيث أولاً وضعها الاجتماعي والاقتصادي والثقافي ، وهل هي أسرة ضيقة أو ممتدة ثانياً؟

فالفقدان الذي يحدث في الأسر ذات المستوى الاجتماعي والاقتصادي والثقافي العالي يكون أكثر تأثيراً من الأسر ذات المستوى الاجتماعي والاقتصادي والثقافي المتدني، لأنه غالباً ما يكون التعامل في الأسر الأولى تعاملاً واعياً يتسم في الغالب بالدفء والحنان والتسامح والمرونة ، بينما لا يرقى التعامل في الأسر الثانية بشكل عام إلى ذلك .

لذلك يشعر الطفل في الأسر الأولى بالفارق الكبير بين وضعه قبل الفقدان وبعد الفقدان، بينما لا يكون الفارق كذلك في الأسر الثانية.

كما تختلف درجة التأثير بالأسرة ذاتها إذا كانت ممتدة أو ضعيفة إذ يكون الفقدان أشد تأثيراً في الأسر الضيقة منه في الأسر الممتدة، لتوفر البديل في الثانية بالرغم من أنه لا يرقى إلى مستوى الآباء الحقيقيين في إعطاء الحب والحنان والحماية والرعاية.

مفهوم الذات والغياب الأبوي:

يترك غياب الأب لفترات طويلة عن البيت أثره في تنشئة الأبناء وخاصة في مرحلة الطفولة مما يؤثر في تشكيل مفهوم الذات لديهم بالرغم من أن أثر الغياب لا يكون بوزن الموت أو الاستشهاد أو الفقد أو الأسر.

وتختلف درجة التأثير باختلاف الجنس إذ يكون الغياب أكثر وقعاً على الولد من البنت لأن العلاقة بينهما كما أشرنا إلى ذلك من قبل أشد وأقوى من علاقة البنت بالأب . لأن الأب يميل في أغلب الأحيان إلى تنشئة ابنه وفق منهجه، أو بالطريقة التي يراها مناسبة وتلبي طموحه ، أو قد يتجاوب في تعامله مع الولد وفق ما هو مرسوم له وفق العادات والتقاليد وأنماط التنشئة الاجتماعية في المجتمع الذي يعيش فيه ، لأن كثير من المجتمعات تؤكد على خصائص وسلوكات معينة تشكل الصورة المقبولة لذلك المجتمع ، كذلك الحال بالنسبة للبنت.

ومن الدراسات التي أجريت في هذا الجانب دراسة مردوك Mardock[1] التي هدفت معرفة غياب الأب على احترام الذات ، وتباين هذا التأثير تبعاً للجنس، تألفت عينه الدراسة من (68) طفلاً بعمر تسع سنوات من خمس مدارس شكلوا المجموعات التالية:

1- مجموعة الذكور وآباؤهم غائبون.

2- مجموعة الذكور وآباؤهم موجودون.

3- مجموعة الإناث وآباؤهم غائبون.

4- مجموعة الإناث وآباؤهم موجودون.

---

1) Mardock, W.A (1982) The relationship of father absence of the self esteem of elementary school . Dissertation Abstracts international oct. p.1260

استخدم الباحث أداتي قائمة تقدير الذات ، ومقياس تدرج السلوك لقياس مستوى تقدير الذات .

توصلت الدراسة إلى النتائج التالية:-

1-   انخفاض مستوى تقدير الذات لدى الأطفال فاقدي الآباء على قائمة تقدير الذات ومقياس تدرج السلوك.

2-   لم تظهر فروق ذات دلالة إحصائية لدى الأطفال فاقدي الآباء على قائمة تقدير الذات تبعاً لمتغير الجنس .

3-   أظهر الأطفال الذكور فاقدو الآباء انخفاضاً على مقياس تدرج السلوك أكثر من البنت.

أما الدراسة التي أجراها مورفي (Murphy) [1].

فقد هدفت معرفة أثر غياب الأب في السلوك المدرسي والقلق. شملت عينة البحث (120) تلميذاً من الصف الثالث إلى الصف السادس الابتدائي ، وقسمت إلى أربع مجموعات .

1-   أطفال آباؤهم عسكريون والأب غائب بشكل مؤقت .

2-   أطفال آباؤهم عسكريون والأب حاضر.

3-   أطفال آباؤهم مدنيون والأب غائب .

4-   أطفال آباؤهم مدنيون والأب حاضر.

استخدم الباحث مقياس بيركس للسلوك . " The Burks Behaviour Scale"

---

1) Murphy, M. j (1986) A comparison of characteristic of school behaviour and arxiety of military dependent children and non military children with father present or absent . Dissertation Abstracts International . 47-8. December 1986.

ومقياس القلق.

أظهرت النتائج ما يلي:

1- لا توجد فروق ذات دلالة معنوية في السلوك المدرسي والقلق بين الأطفال الذين آباؤهم عسكريون والأطفال الذين آباؤهم مدنيون.

2- توجد فروق ذات دلالة معنوية في السلوك المدرسي والقلق بين الأطفال الذين غاب آباؤهم والذين حضر آباؤهم ولصالح المجموعة الثانية .

3- أما تقييم المدرسين فقد بينوا أن الأطفال الذين غاب آباؤهم يتصفون بضعف القدرة على النجاح في المواد الأساسية أو أنهم أقل فاعلية في التركيز على الدراسة وضعف الاستجابة في السيطرة على الانفعالات الشديدة.

يظهر من خلال الدراسات السابقة أثر غياب الأب على الأطفال ، ولا يقتصر ذلك عليهم، وإنما يؤثر بشكل كبير في زوجته وتفاعلها مع أطفالها ، إذ أن وجود الأب مع أطفاله وزوجته سيكون له تأثير إيجابي ليس فقط على الأطفال وإنما على الزوجة كذلك وتفاعلها مع أطفالها، إذ يشتركان معاً في بلورة شخصية أبنائهم وسلوكهم في مجالات عدة كالتنميط والتمايز الجنسي ، والاستقلالية والاعتمادية والتكيف الاجتماعي والانفعالي والتحصيل الدراسي وغيرها.

وقد يثار في هذا الباب السؤال التالي:

هل هناك فرق في التأثير تبعاً لنوع الغياب هل هو إجباري أو اختياري؟

وسيكون الجواب بالتأكيد نعم لأن الغياب الإجباري يكون أكثر تأثيراً في كل من الزوجة والأبناء من الغياب الاختياري . لأن الأول يحمل في طياته عدم الرضا

وعدا الارتياح وعدم القناعة ودافعية واطئة للقيام بالمهمة، الأمر الذي يؤثر سلباً في تفاعل الأب مع الزوجة والأطفال من ناحية، وتفاعل الأم مع أبنائها أثناء وجوده وغيابه من ناحية أخرى الأمر الذي ينعكس بشكل سلبي على مفهوم ذات الأطفال .

ولكن ... لا بد من الإشارة إلى أن المسألة قد تتأثر بنوع الأم وسماتها الشخصية إذ قد تكون إحداهن أحياناً ذات ثقافة عالية وسمات شخصية متميزة من قوة إرادة وتصميم ثابت وعزيمة لا تلين، ومدركة تماماً لدور الأب والأم في عملية التنشئة. إن مثل هذه الأم ستحاول جاهدة تعويض أبنائها الحب والحنان والرعاية والاهتمام بالقدر الذي تستطيع تقديمه ، كما تحاول عدم إظهار حالة اللاارتياح.

111

مفهوم الذات والخلاف الأبوي.

دلت الدراسات الكثيرة على أن المشاكل بين الأب والأم بشكل مستمر سلبي يؤثر سلبياً في نفسية الطفل وتطوره وخاصة في المراحل الأولى من حياته .

قامت هوفمان [1] بدراسة على (100) طفل تميزوا بمشاكل سلوكية أو سوء تكيف . وجدت (57) طفلاً من عوائل منحلة بالطلاق . وتوصلت الباحثة كذلك إلى أن (13) من ضمن (43) الباقية كانت عوائلهم جيدة ، أما بقية (30) فقد كانت بنزاع وخصام مستمر بين الأب والأم .

لذلك يمكن القول أن للعلاقة بين الوالدين تأثيراً كبيراً في النمو الانفعالي والاجتماعي للأطفال فالعلاقة التي تسودها الخصام والشجار بشكل مستمر لا بد وأن ينشر بظلاله السلبي على الأبناء، مما يجعلهم يشعرون بعدم الاستقرار والقلق والخوف على أنفسهم وعلى مستقبلهم وأسرتهم، مما يؤثر في رؤيتهم لأنفسهم.

فقد يتصارع الزوجان لإثبات الذات من خلال التسلط والسيطرة ، وقد يتبعان أساليب غير تربوية الأمر الذي يؤدي إلى خلق خلافات ومشاحنات ينعكس أثره في تربية أطفالهم مما يؤدي إلى شعور الأبناء بالخوف والقلق والتذبذب.

إن الصراع بين الأب والأم سيؤثر بالتأكيد في رؤيتهم لأطفالهم، وأحياناً يصل إلى أن يكره الزوج زوجته، ويرى أولاده من خلالها ، وكذلك الحال بالنسبة للزوجة ، أو على أقل تقدير إن كلاً منهما لا يعطي الرعاية والحب والحنان كما هو الحال في وضع الوفاق والصفاء.

---

1) Hoffman , M. L (1960) Power asserting by parents and its impact on the child- Child Development 31.pp.122-143.

وقد أشارت دراسة ستارك (Stark) [1] إلى العلاقة بين الصراع العائلي والصعوبات الشخصية للتلميذ في المدرسة حيث أجرى دراسة على عينة بلغت (96) طفلاً يمثلون الصفين الرابع والخامس الابتدائي.

قيم التلاميذ مستوى الصراع العائلي وقيموا ذاتياً المشاكل والصعوبات الشخصية ، كما قام المعلمون بتقييم الصعوبات والمشاكل الشخصية ، للتلاميذ عن طريق الملاحظة.

توصلت الدراسة إلى أنه كلما ازداد الصراع العائلي ازدادت الصعوبات والمشاكل الشخصية مع اختلاف وجهات نظر التلاميذ والمعلمين .

فمن وجهة نظر التلاميذ إنه لا يوجد فرق كبير وأن اختلفت حدة الصراع، بينما يرى المعلمون إنه كلما أشتد الصراع العائلي ازدادت الصعوبات المدرسية ، أما بالنسبة للتلميذات فيرين أنه كلما ازداد الصراع العائلي ازدادت المشاكل الشخصية، بينما يرى المعلمون أنه لا توجد فروق وإن اختلفت حدة الصراع.

لذلك فإن هناك علاقة وثيقة بين الوفاق والوئام بين الزوجين والأمن النفسي للأبناء والعكس صحيح.

فقد توصلت الدراسة التي أجرتها هاتويك في سلامة وعبد الغفار [2] إلى وجود ارتباط موجب بين التوتر الذي يشيع في جو الأسرة نتيجة للخلاف الوالدي ، وأنماط من السلوك بين الأطفال كالغيرة والأنانية الخوف وعدم الاتزان. وهي تعكس عدم توفر الأمن النفسي للأطفال.

---

1) Stark, R.L. (1987) The effect of family on school behaviour as perceived by children and teacher. Dissertation Abstracts International 48,7, p 714 January , 1988.

2) سلامة ، أحمد عبد العزيز ، عبد الغفار ، عبد السلام (1980) علم النفس الاجتماعي . القاهرة: دار النهضة العربية.

إن الجو الصحي الذي يسوده الأمن والأمان والتعاون والوفاق والحب هو كفيل بتحقيق الأمن النفسي والاجتماعي للأطفال ، ولا يقتصر تأثيره في حدود الأسرة وإنما ينعكس ذلك خارج إطار البيت حيث يكون مثل هؤلاء الأطفال أقدر على بناء علاقات إيجابية مع الآخرين سواء في المجتمع المحلي الذي يعيشون فيه أو في المدرسة، وهو يؤثر كذلك في تحصيلهم ونحو قدراتهم العقلية النمو السليم ، كما أن هذا الجو يكون أوفر حظاً في إيجاد القدوة والنموذج الذي يقتدى ويحاكى.

لذلك أوصى طلبتي في الجامعة بشدة أن يكونوا نماذج جيدة للأبناء وأن يكونوا دقيقين في سلوكهم وألفاظهم لأنها تكتسب بسهولة لكن تغييرها يكون أصعب بكثير من اكتسابها لأول مرة. فإذا تعلم الطفل لفظة بذيئة أو سلوكاً شائكاً فإنه يحتاج إلى جهد كبير للتغيير.

كما يجب إلا يظهروا خلافاتهم ومشاحناتهم ونقاشاتهم الحادة أمام الأطفال لكي لا يؤثر فيهم، وإنما يكون بمعزل عنهم.

كما يفترض أن يتعاملوا مع أطفالهم وفق العمر العقلي وليس العمر الزمني، فإذا كان عمر الطفل العقلي (14) سنة في حين أن عمره الزمني (10) سنوات فعليهم أن يتعاملوا معه وكأنه بعمر (14) سنة.

وقد يكون أحياناً عمر الطفل العقلي أقل سن عمره الزمني على سبيل المثال قد يكون العمر الزمني للطفل (س) (12) سنة لكن عمره العقلي (8) سنوات ويفترض في هذا الحال أن يتعاملوا مع الطفل على أساس عمره العقلي لا الزمني .

ولكن من خلال استقراء الواقع فإن كثير من الآباء يطالبون أبنائهم بسلوك يتناسب مع عمرهم الزمني لا عمرهم العقلي . لذلك قد يحدث اللاتوافق النفسي للطفل لأنه لا يستطيع إرضاء مطالب والديه.

وبهذا الحال فهو يناضل على جبهتين ، جزء من طاقته النفسية تتمركز حول مقاومة توتره الداخلي ومشكلاته الشخصية ، وجزء آخر من طاقته يتجه نحو كسب وإرضاء والديه ، وقد يدفعه الحال إلى أن يشعر بأنه أدنى من غيره الأمر الذي يؤثر سلباً في رؤيته لنفسه ، وقد ينفس مثل هذا الطفل عن آناته الداخلية بسلوك غير مرغوب ، وقد يفرز ذلك على سبيل المثال بسلوكات عدوانية.

لذلك يجب أن يطالب الآباء أبنائهم وفقاً لمستواهم العقلي ويتعاملون معهم على هذا الأساس، يقول الرسول الكريم (ص) "من كان له صبي فليتصابى له".

ويمكن تعميم ذلك إلى حالات أخرى لنضع استراتيجيات في كيفية التعامل العقلاني السليم، ولتقليل كثير من الخلافات والمشاحنات الأسرية من خلال التعامل الدقيق وفق قدرات الآخر . فلا يعقل مثلاً أن يطالب الزوج ذو الثقافة العالية والفكر المتفتح والرؤية التي تتسم بالشمول زوجته ذات الثقافة المحدودة والرؤية الضيقة أن ترتقي إلى مستواه ويطالبها وفقاً لقدراته ، وإنما يفترض إن يتعامل معها وفقاً لقدراتها ولا ينسى الطموح في أن يرتقي بها إلى مستوى طموحه من القدرات، وهو الطريق الصحيح للابتعاد عن المشاحنات والنزاعات التي تؤثر سلباً في تنشئة الأبناء .

وقد يكون أحياناً العكس ، قد تكون الزوجة ذات ثقافة عالية وفكر متفتح ، بينما ثقافة الزوج محدودة وتفكيره ضيق وبهذا الحال لا يمكن إن يرقى الزوج لمستوى زوجته وعليها أن تتعامل معه وفقاً لثقافته وتفكيره ولا تنسى الطموح في أن ترتقي به إلى سلم أفضل.

وقبل أن أنهي هذه النقطة لا بد من الإشارة إلى أنه يفترض إن يوجد تقارب بين الزوج والزوجة في درجة الثقافة لأن ذلك يؤدي إلى التقارب في العقلية والأفكار والآراء ، وإذا لم يكن الحال كذلك ولم تتبع الاستراتيجية قد تؤدي أحياناً إلى الطلاق وهذا ما يؤثر سلباً في التكيف النفسي والاجتماعي للأبناء والذي ينعكس سلباً في رؤيتهم لأنفسهم.

مفهوم الذات والمرض الأبوي:

إن الظروف غير الصحية للآباء تنعكس بشكل سلبي على تنشئة أبنائهم . فالآباء الذين يعانون من أمراض وخاصة المزمنة تؤثر بشكل أو بآخر في توافق الأبناء فضلاً عن أنهم يكونون غير مهيئين تماماً لتلبية متطلبات وحاجات أبنائهم النفسية والعقلية والاجتماعية والنفسية.

وقد أجرى روتر Rutter[1] دراسة قارن فيها بين (259) طفلاً شخصوا على أنهم يعانون من اضطرابات سلوكية ونفسية ، مع عينة عادية أخرى بلغت (145) كوفئت المجموعتان من حيث العمر والمكانة الاجتماعية .

توصلت الدراسة إلى وجود معدل عالٍ من المرض العقلي لآباء المجموعة الأولى مقارنة بالمجموعة الثانية فقد وجد أن (35) طفلاً من المجموعة الأولى والتي تمثل (1903%) آباؤهم يعانون من مرض عقلي ، بينما وجد (9) أطفال والتي تمثل (602%) سن المجموعة الثانية آباؤهم يعانون من مرض عقلي.

لذلك فإن مرض أحد الوالدين أو كليهما سواءً كان المرض عضوياً أو نفسياً سيفرز تأثيراً سلبياً في نمو شخصيات أطفالهم . حيث يكون هؤلاء الأطفال

1) Rutter , M. (1966) Children of sick parents : an environmental and psychiatric study. Moudsley Monograph . No. 16-London Oxford University Press.

معرضين لأساليب غير اجتماعية أو انسحاب أو عداء أو قد يصيبهم القلق والخوف وعدم الاتزان الانفعالي.

إن مرحلة الطفولة من اكثر المراحل حساسية في تشكيل الملامح الأساسية لما سيكون عليه الفرد مستقبلاً ، فأياً كانت الخبرات التي يمر بها الطفل سيكون لها تأثيرها في شخصيته مستقبلاً سلباً أم إيجاباً .

وذكرت الشماع[1] في كتابها الشخصية دراسات بحثت هذا الموضوع فمثلاً كابلان (Kaplan) درس مجموعة من المتزوجين في إحدى مدن الولايات المتحدة الأمريكية ، حيث طلب منهم بعض المعلومات عن خبراتهم السابقة بخصوص أي حادث طارئ حدث إثناء طفولتهم . توصل الباحث إلى أن هناك أسباب عديدة كان أحدها دخول أحد الوالدين مستشفى الأمراض العقلية.

وفي دراسة أخرى لنفس الباحث "كابلان" حول علاقة مفهوم الذات بخبرات واتجاهات معينة أثناء الطفولة وجد أن مفهوم الذات السلبي لدى الراشدين بعمر يقل عن 30 سنة له علاقة بقلق الطفولة حول الدرجات المدرسية والخوف من عقاب الوالدين واعتبار أنفسهم غير أذكياء أو جذابين جسمياً.

إن المرض سواءً تعلق بالأب أم الأم سيفرز بظلاله السلبي على تنشئة الأطفال وخاصة في مرحلة الطفولة، لأن الطفل في هذه المرحلة بأمس الحاجة إلى الرعاية المتكاملة للنمو النفسي والعقلي والاجتماعي والجسمي ، ولا يقوى الآباء في كثير من الأحيان على تلبية هذه الحاجات الضرورية التي تؤدي إلى التوافق مع الذات .

---

1) الشماع ، نعيمة، مصدر سابق ، ص196-197.

وقد لا يدرك الطفل في مراحله المبكرة بأن القصور يرتبط بمرض والديه، وقد يقارن نفسه بأقرانه الآخرين، فيرى الآباء يصطحبون أبناءهم إلى الملاعب والمتنزهات والنوادي ويلعبون معهم كمتطلب واعٍ لاستغلال طاقات الأطفال بشكل مستمر وهي حالة صحية للنمو السليم.

إن ذلك الأمر يخلق عند الطفل عدم الرضا وقد يشعر بأنات داخلية قد تفرز أحياناً بشكل سلوكات شائكة كالعدوان أو الانسحاب أو سورات غضب.

وقد يتفاقم الحال داخل الأسرة بحيث يعاني الآباء على جبهتين الأولى مرض أحدهم أو كليهما، وقصورهم في تلبية حاجات أبنائهم والثانية تأثير ذلك القصور في تنشئة الأبناء.

وقد يرتبط المرض الأبوي من ناحية أخرى بقصور اقتصادي لأن الأب لا يقوى على العمل الذي يوفر مستلزمات الحياة فضلاً عن أن تكاليف المرض في كثير من الأحيان عالية، الأمر الذي ينسحب على جوانب أخرى كالجانب الاجتماعي والثقافي.

إن هذا الأمر يجعل الآباء غير قادرين على توفير المستلزمات الضرورية لتلبية الحاجات العقلية والاجتماعية والانفعالية والجسمية، مما يجعل الأبناء يشعرون بأنهم أدنى من غيرهم الأمر الذي يؤدي بهم إلى تكوين مفاهيم ذات واطئة . ونحن نعرف تماماً أهمية مفهوم الذات فهو قوة دافعة لتنظيم وضبط وتوجيه السلوك ، إذ يحدد أسلوب التعامل مع الآخرين، كما يؤثر في ذات الوقت في أسلوب تعامل الآخرين معه.

الفصل الخامس

- مفهوم الذات وحجم الأسرة.
- مفهوم الذات وترتيب الطفل الميلادي
- مفهوم الذات والمستوى الاجتماعي والاقتصادي
- مفهوم الذات والمستوى الثقافي للوالدين.

مفهوم الذات وحجم الأسرة:

يؤثر حجم الأسرة (عدد أفرادها) في أساليب الرعاية الوالدية المقدمة للأبناء، حيث أن كثرة ا لأبناء يجعل الآباء يميلون إلى السيطرة في تحقيق المطالب، وهو بدوره يؤثر في تشكيل مفهوم ذات الأطفال. حيث توصلت دراسات كثيرة إلى أن هناك علاقة سلبية بين زيادة حجم الأسرة ومستوى الرعاية المقدمة للأبناء .

وقد تكون البيئات الفقيرة أقل تنظيما للنسل من الطبقات الأولى وبالتالي يمكن القول أن الاسرة كبيرة الحجم غالباً ما تنتمي إلى الطبقات الاقتصادية والاجتماعية والثقافية الدنيا مقارنة بالطبقات الأخرى المتوسطة والعليا.

ففي دراسة سلامة [1] التي هدفت معرفة أثر عمل الأم وحجم الأسرة والمستوى الاجتماعي والاقتصادي كمحددات لإدراك الأطفال الدفء الوالدي، شملت عينة البحث (109) طفلاً وطفلة (57) من الذكور و 52 من الإناث) يمثلون الصفوف الرابعة والخامسة والسادسة الابتدائي . ومن ضمن الفرضيات التي استهدفتها الدراسة اختبارها هو متغير حجم الأسرة وأثره في تنشئة الأطفال. توصلت الدراسة إلى أن هناك فارقاً ذا دلالة إحصائية بين الأسرة ذات الحجم الكبير والأسرة ذات الحجم الصغير في درجات إدراك الأبناء الرفض من قبل الأم.

1) سلامة، ممدوحة محمد (1987) عمل الأمل وحجم الأسرة والمستوى الاجتماعي والاقتصادي كمحددات لإدراك الأطفال الدفء الوالدي . مجلة علم النفس / العدد الرابع .

وفي دراسة الظاهر [1] التي أجريت على عينة من المرحلة الابتدائية بلغت (220) تلميذاً من ست مدارس كانوا على الوجه التالي :

1- التلاميذ الذين عدد أخواهم وأخواتهم أقل من ثلاثة وعددهم (38) .

2- التلاميذ الذين عدد أخوتهم وأخواتهم ثلاثة فأكثر وعددهم (182).

توصل الباحث إلى أن هناك فروقاً ذات دلالة إحصائية عند مستوى (0,01) ولصالح التلاميذ الذين عدد أخوتهم وأخواتهم ثلاثة فأقل على مقياس مفهوم الذات.

وتؤكد هذه النتيجة أهمية حجم الأسرة الذي يرتبط ارتباطاً مباشراً بأساليب الرعاية الوالدية المقدمة للأبناء إذ إن قلة الأبناء يتيح للوالدين الفرص لإعطاء الرعاية والعناية والاهتمام ومراعاة الجوانب النفسية والاجتماعية في تنشئتهم لأبنائهم بحيث ينعكس إيجابياً على مفهوم الذات لديهم والعكس صحيح .

إن عدم الكفاية المادية والثقافية لها الأثر الكبير في توفر الفرص والظروف الطبيعية للتطور والنمو كما تتطلبها التربية الحديثة .

والأسرة الفقيرة لا تستطيع تأمين الحاجات الأساسية من اجل نمو أطفالهم نمواً سليماً وخاصة إذا كان عدد الأطفال كبيراً.

وتميل اتجاهات الآباء في الأسر الكبيرة إلى الإهمال ، ويجدون صعوبة في تحقيق حاجات أبنائهم الأساسية المتعلقة بالجوانب العقلية والجسمية والاجتماعية والانفعالية، فقد يضطرهم العدد الكبير إلى إتباع أسلوب السيطرة، وفرض القيود الصارمة، والابتعاد عن الأساليب التي تتميز بالانفتاح والمرونة والمحاورة التي لها الأثر الكبير في تشكيل شخصياتهم.

---

1) الظاهر ، قحطان أحمد (1999) أثر متغيري حجم العائلة والترتيب الميلادي في مفهوم الذات ، مجلة الثقافة العربية، عدد كانون الثاني بنغاري.

ويمكن القول في هذا الصدد أنه كلما ازداد عدد الأبناء كلما قل تفاعل الآباء معهم، وكلما قل الأبناء ازداد التفاعل . فحجم الأسرة إذن يؤثر بما لا يقبل الشك في طبيعة العلاقات بين الآباء وأبناءهم، وعمق تلك العلاقات عاطفياً. كما يؤثر في أنماط الضبط والتحكم إذ غالباً ما تكون في الأسر ذات الحجم الكبير تتسم بالصرامة والشدة، كما أن الطفل في الأسر الكبيرة تزداد مشاكله سواءاً كان طرفاً فيها أو مشاهداً لها ، كما أن الأسر الكبيرة الحجم غالباً ما تعاني من ضائقة اقتصادية والتي تؤدي أحياناً إلى المشاحنات بين الزوج والزوجة والى علاقة تبتعد عن الحب والدفء والحنان الذي يفرز بظلاله السلبي على الأبناء.

ولكن بالرغم من أن الأسر الصغيرة الحجم التي تتبع أساليب الانفتاح والحوار والتعاون والمساندة الإيجابية ، وتمنحهم الحب والحنان الكافي وتوفر لهم الحاجات الأساسية للنمو الصحيح، إلا أن بعض الأسر وخاصة غير الواعية منها بأساليب التربية الصحيحة، قد تتبع أسلوب الحماية الزائدة الذي يأخذ أما شكل التدليل المفرط أو السيطرة التامة الأمر الذي يجعل الطفل يتسم بالاعتمادية وعدم الاستقلال ، وقد تعرضه أحياناً إلى إحباطات اجتماعية وخاصة مع الأقران، وبالمقابل قد تدعو الظروف التي يمر بها الأبناء في الأسر الكبيرة الحجم أحياناً إلى الاستقلالية والاعتماد على الذات.

مفهوم الذات وترتيب الطفل الميلادي

يعد الترتيب الميلادي من العوامل التي تؤثر في رؤية الطفل لنفسه. فالبيئات النفسية لأطفال ليست واحدة حيث يكون لكل طفل بيئة خاصة من خلال الدور الذي يلعبه في الأسرة المرتبطة بتفاعله مع الوالدين .

فالطفل الميلادي الأول الذي يعطي الرعاية والعناية والاهتمام قد يجعل أحيانا التراتيب كالرابع والخامس يشعرون بالإهمال عدا الطفل الأخير الذي يكون في أغلب الأحيان مدللا من الجميع .

وقد تلجا التراتيب التي تشعر بالإهمال أما استغلال قدراتهم الذاتية ،والتميز لإثبات الذات، أو يسلكون سلوكا شائكا يعبر عن الأنه الداخلية ، فقد يلجأون إلى بعض السلوكات العدوانية أو عصيان الأوامر أو القيام بمخالفات داخل الأسرة أو خارجها.

وبالرغم من الأول هو محط أنظار والدية والممثل الأول لتحقيق آمالها لكنه ليس بالضرورة أن يكون أفضل في قدراته العقلية من التراتيب الأخرى ، وخاصة عندما يكون هناك فارق زمني بين التراتيب ، وذلك لأنه محطة تجارب من قبل الوالدين لقلة معلوماتهما لمتطلبات رعاية الطفل في مقتبل عمره إذ قد تستفيد التراتيب الأخرى من الأخطاء التي قد وقع بها الوالدان وخاصة الأم . كما أن الأم والأب يخضعان لعملية التطور،فقد تختلف ثقافتهما وعقليتهما عندما يكونان في العشرينات من العمر منه عندما يكونان في الثلاثينات،مما يفرز بظلاله على قدرات الأطفال العقلية،كما أن التراتيب الأخرى تنهل من أكثر من منهل حيث تستفيد اضافة الى والديهم من أخوتهم.

يقترح توكمان وريكن(Tuckman and Regan) [1] من خلال دراستها التي هدفت معرفة العلاقة بين ترتيب الطفل والتكيف الذي يؤثر في مفهوم الذات والتي أجريت على عينة متكونة من (1297) طفل تمثل ثلاثة أحجام طفلين، ثلاثة أطفال،

1) Tuckman, J, and Regan , R.A(1967) Ordinal Position and behaviour problem in children . Journal of Health and Social Behaviour, 8, pp.32-39

أربعة أطفال، إن الطفل الأول هو الممثل الأكبر للأسرة قياساً للطفل الأصغر الذي يعد أقل تمثيلاً لها.

لذلك فإن الوليد الأول يتحمل أعباء ومسؤوليات قد تفوق بقية التراتيب، وقد يحمل أحياناً دوراً أكبر من عمره الزمني الأمر الذي قد يؤدي إلى عدم التوافق النفسي والاجتماعي وخاصة عندما يكون ذلك قسرياً .

وفي الجانب الآخر ونتيجة للرعاية والاهتمام الكبيرين التي تمنحها الأسرة للترتيب الأول قد يلجأ البعض القليل منهم إلى الاعتمادية على الآخرين في تلبية حاجاتهم.

أما إذا كان الطفل وحيداً في الأسرة ، فهذا يؤدي في الغالب إلى تعلق الوالدين به تعلقاً كبيراً بحيث يملي عليهم أحياناً بعض السلوكات التي يكون لها تأثير سلبي في تنشئته كالحماية الزائدة أو المفرطة التي تصل في بعض الأحيان إلى حد القلق عليه من الأمراض أو الحوادث أو السقوط وغيرها، الأمر الذي يجعله يتسم بالاعتمادية والتبعية وعدم الاستقلال والخوف مما يؤثر في نظرته لنفسه .

وقد أجرى مبارك[1] في هذا السياق دراسة موضوعها مفهوم الذات لدى الطفل الوحيد في الأسرة وعلاقته بالتكيف الشخصي والاجتماعي.

تكونت عينة البحث من (200) طفل على الوجه الآتي:

-   مجموعة الأطفال الوحيدين في الأسرة وعددها 100 طفل .

-   مجموعة الأطفال غير الوحيدين في الأسرة وعددها 100 طفل.

---

1) مبارك ، خلف أحمد (1981) مفهوم الذات لدى الطفل الوحيد في الأسرة وعلاقته بالتكيف الشخصي والاجتماعي. رسالة ماجستير غير منشورة كلية التربية ، جامعة أسيوط.

كوفئت المجموعتان من حيث متغيرات السن، الجنس الذكاء العام، الخبرة المدرسية، المستوى الاجتماعي والاقتصادي والبيئة الجغرافية.

استخدمت في الدراسة الأدوات التالية:-

اختبار مفهوم الذات للصغار

اختبار الشخصية للأطفال (كليفورنيا)

اختبار عين شمس للذكاء.

دليل المستوى الاقتصادي الاجتماعي.

استمارة بيانات عن الأسرة ومركز الطفل بها .

توصلت الدراسة إلى وجود فروق ذات دلالة إحصائية بين مجموعتي الأطفال الوحيدين وغير الوحيدين في الأسرة للذكور والإناث على السواء على أبعاد مفهوم الذات الثلاثة... التباعد، تقبل الذات ، تقبل الآخرين.

كان الأطفال الوحيدون أقل تقبلاً للذات واكثر تباعداً من الشخص العادي في المجتمع وأقل في درجات التكيف الشخصي والاجتماعي والعام من الأطفال غير الوحيدين في الأسرة .

ومن الدراسات التي بحثت الموازنة بين الترتيب الميلادي الأول والترتيب الميلادي الأخير الدراسة التي أجراها موسى [1] الذي ذكر دراسات عديدة عن أهمية الترتيب الميلادي والنمو النفسي.

---

1) موسى، رشاد علي عبد العزيز(1993) علم النفس المرضي : دراسات في علم النفس . القاهرة : مؤسسة مختار للنشر والتوزيع.

تكونت عينة البحث (160) طالباً وطالبة من كلية التربية وكلية الدراسات الإنسانية بجامعة الأزهر (80) منهم يمثلون الترتيب الميلادي الأول (38) ذكراً و(42) أنثى ، بلغ المتوسط الحسابي لأعمارهم (21.81) والانحراف المعياري (2.71) . و(80) يمثلون الترتيب الميلادي الأخير (39) ذكراً و(41) أنثى بلغ المتوسط الحسابي لأعمارهم (22.66) بانحراف معياري قدره (2.50).

تراوحت حجم الأسرة للعينة المذكورة بين (4-11) فرداً. توصلت الدراسة إلى أن ذوي الترتيب الميلادي الأول يتسمون بالانشغال بصحة البدن، الحزن، الانسحاب الاجتماعي ، الأرق ، عدم الرضا ، سرعة الإحساس ، الإجهاد، اتهام الذات.

أما الترتيب الميلادي الأخير فأتسمت بالانشغال بصحة البدن، الأرق، اتهامات الذات، الإعاقات عن العمل ، فقدان الوزن، الأفكار الانتحارية ، الإحساس بالفشل.

يظهر من خلال دراسة موسى الشبة والاختلاف بين الترتيب الميلادي الأول والترتيب الميلادي الأخير ، فقد تشابه كل منها بالانشغال بصحة البدن، الأرق، اتهامات الذات .

بينما نلاحظ أن الترتيب الميلادي الأول اتسم بعد الرضا والحزن وسرعة الإحساس والإجهاد . وقد يعلل ذلك في تقديري إلى المطالب العقلية والاجتماعية التي يفرضها واقعه الذي يرتبط بنشئته الأولى ، فهو أكثر تمثيلاً للأسرة والنظرة إليه تختلف عن النظرة إلى الآخرين في كونه البديل أو هو خليفة الأب في غيابه، فيحاول جاهداً أن يكون بمستوى النظرة التي أخذت عنه، وقد يحس أحياناً بأنه لا يرقى أن يكون بمستوى النظرة إليه ، وما يترتب على تلك السمات الآنفة الذكر.

أما ما يتعلق بالترتيب الأخير فاتصفت من خلال هذه الدراسة بالإحساس بالفشل ، والأفكار الانتحارية ، وفقدان الوزن.

إن هذه العينة تمثل مرحلة متقدمة وهي نتيجة لخبرات كثيرة وخاصة مرحلة الطفولة التي هي على غاية من الأهمية بكل متغيراتها، وخاصة نظرة وتعامل الوالدين في تشكيل شخصياتهم ، ولا يمكن فصل هذه المرحلة تماماً عن المراحل السابقة . فالطفل الأخير غالباً ما يكون مدللاً من الجميع مستجابة طلباته بكل صغيرة وكبيرة الأمر الذي يجعله يتسم بالاتكالية والاعتمادية وعدم الاستقلال والذاتية ، إن ذلك يؤثر فيه بشكل سلبي ، فقد لا يستطيع تحقيق متطلبات المراحل اللاحقة، وقد لا يشعر بالكفاءة مقارنة بأقرانه لذلك قد يحس بالفشل، والأفكار الانتحارية، وفقدان الوزن .

ولكن لا يمكن أن تكون هذه النتائج مسلمة ، وأجد صعوبة في تعميمها بشكل قاطع، علماً أنني قد سبق أن أشرت بأن مفهوم الذات يتسم بأنه نمائي ، فارقي، تقييمي .

مفهوم الذات والمستوى الاجتماعي والاقتصادي.

مما لا شك فيه أن كل طبقة اجتماعية داخل المجتمع تشكل بعض القيم والتقاليد والثقافة الخاصة بها ، وهي تلعب دوراً هاماً في تشكيل وتحديد أساليب المعاملة الوالدية، وأساليب أفرادها نحو تنشئة الطفل وفقاً للقيم والثقافة التي تتسم بها الطبقة.

إن التباين القيمي المتأتي من الانتماء الطبقي يشكل اختلافاً في الرؤية، وكل منهما يعد أبناؤه لممارسة أوضاع اجتماعية وطبقية مماثلة له ، وهذا بدوره يؤثر في رؤية الطفل لنفسه.

فمثلاً الآباء والأمهات الذين ينتمون إلى المستويات الاجتماعية والاقتصادية الدنيا يلجأوون في الغالب إلى العقاب البدني في تنشئتهم الاجتماعية لأطفالهم، وخاصة إذا أدى سلوك أطفالهم إلى إتلاف بعض الأشياء.

بينما لا يميل الآباء والأمهات الذين ينتمون إلى مستويات اجتماعية واقتصادية متوسطة في الغالب إلى العقاب البدني بل يلجأوون إلى أساليب النقاش الموضوعي مع أبنائهم لمعرفة الأسباب التي أدت إلى ذلك السلوك، وبالتالي يتخذون إجراءاتهم وفق ذلك، وكثيراً ما تتسم بالإرشاد والتوجيه الصحيح.

ولقد توصل ديفي Davie [1] من خلال المقارنة بين السلوك السوي وغير السوي لأبناء الطبقة الاجتماعية الأولى التي تضم الأطباء والمحامين والطبقة الخامسة التي تضم العمال غير المهرة من خلال سبر آراء الآباء والمعلمين إلى وجود فرق ذي دلالة إحصائية بينهما.

فكانت آراء الآباء أن التلاميذ من الطبقة الاجتماعية الخامسة يعانون من مشاكل سلوكية متكررة قياساً إلى الطبقة الاجتماعية الأولى ، أما معدلات المعلمين بالنسبة لثبات السلوك والسلوك المتوافق فكانت النتائج أن (77.06%) من تلاميذ الطبقة الاجتماعية الأولى يتميزون بثبات السلوك ، يقابلهم (11-51%) من الطبقة الاجتماعية الأخرى.

أما بالنسبة للسلوك غير المتكيف ، فقد بلغت (22-05%) بالنسبة للطبقة الاجتماعية الخامسة ، بينما بلغت (06-6%) بالنسبة للطبقة الاجتماعية الأولى .

إن عدم الكفاية المادية والثقافية لها الأثر الكبير في عدم توفر الفرص والظروف الصحية للتطور والنمو كما تتطلبها التربية الحديثة، حيث أن الأسرة الفقيرة لا تستطيع تأمين الحاجات الأساسية من اجل نمو أطفالهم نمواً سليماً. فهي

---

1) Davie , R, Rutter , N and Goldstein , H. (1972) From Birth to Seven . London. Langman p.143.

مثلاً لا تستطيع توفير الألعاب الضرورية للطفل والتي تعتبر بشهادة جميع المربين أفضل وسيلة للتعلم .

لذلك فإن احتمالية وجود مسببات لفشل الطفل الفقير الحال عالية، والجميع يدرك ما للفشل والإحباط من تأثير سلبي في نفسية الطفل مما ينعكس على الصورة التي يراها عن نفسه. وهناك دراسات قارنت بين أبناء الأسر ذات المستوى الاجتماعي الاقتصادي المرتفع وأبناء الأسر ذات المستوى الاجتماعي الاقتصادي المنخفض. لذلك يعد المستوى الاجتماعي والاقتصادي من المتغيرات المهمة في تشكيل مفهوم الذات، وكيف ينظرون إلى الأمور؟ وكيف يفكرون ، ويظهر الاختلاف واضحاً بين الأفراد من المستوى الاجتماعي والاقتصادي العالي والمستوى الاجتماعي والاقتصادي المنخفض .

ففي دراسة هنلور وأيريك (Hennlore and Erich, 1974) [1] التي بحثت العلاقة بين أبعاد مفهوم الذات وبين المستوى الاقتصادي الاجتماعي لعينة من الأفراد الذكور بلغ عددهم (222) فرداً ، تتراوح أعمارهم ما بين 16-18 عاماً طبق عليها اختبار كاتل للشخصية وكان من نتائج هذه الدراسة ما يلي:

1- وجود أكبر الفروق بين الذات الواقعية والذات المثالية في الشريحة العليا (المستوى الاقتصادي الاجتماعي (العالي) .

2- إن المراهقين من المستوى الاقتصادي الاجتماعي العالي يميلون إلى وصف أنفسهم مبالغة لا توجد لدى نظرائهم في المستوى الاقتصادي الاجتماعي المنخفض .

---

1) السيد : عزيزة محمد (1980) صورة الذات لدى المرأة المصرية في ضوء بعض الأبعاد النفسية والاجتماعية رسالة دكتوراه غير منشورة ، كلية البنات، جامعة عين شمس.

يتبين من خلال هذه الدراسة أن الطبقة الاجتماعية الاقتصادية العليا تبتعد عن الواقعية ، وقد تضع نفسها في صورة أكبر من حقيقتها وفق معايير التقييم الكلية. بينما تكون الطبقة الاجتماعية الاقتصادية المنخفضة أكثر واقعية من الأولى.

وقارن فيلاسكو ومولر (Velasco and Muller, 1980) [1] بين طلبة المدينة والأرياف في تطور مفهوم الذات حيث هدفت هذه الدراسة معرفة التطور الذي يحدث لمفهوم الذات لدى الطلبة الريفيين والمدنيين.

استخدم لذلك مقياس الوصف الذاتي لعمل مقارنة بين مفهوم الذات وتقدير الذات والذات المثالية والنضج الجسمي والتكيف المدرسي . تم تطبيق المقياس على (50) طفلاً ريفياً و(50) طفلاً مدنياً بشكل فردي.

دلت النتائج على وجود نماذج سلبية على النجاح الأكاديمي والتكيف المدرسي لدى شباب الريف أكثر منها لدى شباب المدينة ، كما أن مفهوم الذات عند طلبة الريف أكثر إيجاباً مما هو عند طلبة المدينة.

ويمكن أن نفسر النتيجة الثانية في أن شاب الريف يعيش مع الصفاء المعنوي والمادي ، وهو أكثر قناعة من ابن المدينة ، وقد لا يصل الأخير إلى القناعة حتى ولو حققت له كثير من المطالب ، لذلك يمكن القول أن ابن الريف أكثر استقراراً من الناحية الاجتماعية والانفعالية والعقلية والجسمية من ابن المدينة وهذا ما انعكس على رؤيته لنفسه.

1) Velasco, B.C and Muller, D(1982) Self concept development in Rural and Urban students, Rural Educator , 3, (3) 7-15.

أما مياسا[1] فأشار في رسالته غير المنشورة إحدى الدراسات التي توصلت إلى أن أبناء الأسر ذات المستوى الاجتماعي والاقتصادي المرتفع يدركون والديهم على أنهم أكثر اهتماماً ودفئاً لهم من أبناء الأسر ذات المستوى الاجتماعي والاقتصادي المنخفض والمتوسط . كما أدرك الأبناء من الأسر المرتفعة المستوى الاجتماعي الاقتصادي بأنهم يعيشون حياة يبتعد فيها آباؤهم وأمهاتهم في الغالب عن ممارسة فرض القيود ، والضغط ، والتسلط عليهم بصورة أكثر مما هو الحال لدى أبناء الأسر ذات المستوى الاجتماعي والاقتصادي المتوسط والمنخفض.

وفي تقديري ، وبالرغم من إن الدراسات توصلت إلى وجود فروق بين الطبقات الاجتماعية في أسلوب وأنماط التنشئة للأبناء إلا أن هذه المسألة ليست ثابتة تماماً ، وإنما تتغير من وقت لآخر ، ومن مجتمع لآخر ، ومن ثقافة لأخرى .

وقد يختلف الحال إذا نظرنا إلى أبعاد الذات الفرعية ففي الدراسة التي قام بها تراوبريج ونورما (Trawbridge and Norma)[2] والتي هدفت معرفة العلاقة بين مفهوم الذات والمستوى الاجتماعي الاقتصادي على عينة كبيرة من المراهقين لكلا الجنسين بلغت 3789 فرداً.

استخدم في هذه الدراسة مقياس تقدير الذات لكوبر سميث (Cooper Smith Self Esteem) والذي اشتمل على (78) فقرة متكونة من أربعة مقاييس فرعية هي :

1-   الذات العامة   General Self

2-   الذات الاجتماعية   Social Self

---

1) مياسا ، محمد مصطفى (1979) الاتجاهات الوالدية في التنشئة وارتباطها بشخصية الأبناء في المستويات الاجتماعية والاقتصادية المختلفة ، رسالة ماجستير غير منشورة ، كلية الآداب ، جامعة عين شمس .
2) السيد ، عزيزة محمد، مصدر سابق ، ص 78-80.

3- الذات المدرسية	School Academic Self
4- الذات المنزلية	Home Parents Self

توصلت الدراسة إلى وجود علاقة عكسية بين الدرجة التي حصل عليها الفرد وبين المستوى الاجتماعي والاقتصادي في الأبعاد الثلاثة الأولى عدا الذات المنزلية.

ويظهر واضحاً التناقض في النتائج التي قد يرتبط بالمجتمع من خلال الدراسة التي أجريت في الهند والتي قام بها سينج Singh[1] والتي هدفت معرفة تأثير الوضع الاجتماعي والاقتصادي في مفهوم الذات لدى طلاب الصف الأول في المدارس الثانوية العليا. أجريت هذه الدراسة على عينة مكونة من 180 طالباً نصفهم من مدارس المدينة بالهند، والنصف الآخر من طلاب إحدى المدارس بالريف .

استخدم في الدراسة مقياس مفهوم الذات ومقياس الوضع الاجتماعي الاقتصادي .

أظهرت النتائج أن الطلبة الذين ينتمون إلى المستوى الاجتماعي والاقتصادي المتوسط كان لديهم مفهوم ذات مرتفع مقارنة بالطلبة الذين ينتمون إلى المستوى الاجتماعي والاقتصادي المنخفض والمرتفع .

إن هذه النتيجة قد تختلف عن السياق العام إذ أن منظم الدراسات توصلت إلى أنه كلما ارتفع المستوى الاجتماعي والاقتصادي كلما كان له أثر إيجابي في تنشئته الأطفال بشكل عام.

1) Singh, Gangwar, (1982) Self concept as function of social economic and cultural setting in first division of high school students. Indian Psychological Interview – Jan . Vop 22.(1) , pp. 36-40.

إلا أن الدراسة الحالية توصلت إلى أن الطلاب من المستوى الاجتماعي والاقتصادي المتوسط أفضل حالاً في مفهوم الذات من المستويين الآخرين (المنخفض والمرتفع).

وقد لا نستطيع تعميم هذه النتيجة لخصوصيتها إذ ارتبطت ببيئة معينة ، أو قد تعلل النتيجة تبعاً لانتماء المدرسين حيث أنهم ينتمون إلى المستوى الاجتماعي والاقتصادي المتوسط لذلك يكون الطلاب الذين يمثلون المستوى الاجتماعي والاقتصادي المتوسط أكثر انسجاماً مع المدرسين من الطلاب الذين ينتمون إلى المستوى الاجتماعي والاقتصادي المرتفع والمنخفض.

ولكن وبشكل عام لا يمكن لأحد أن ينكر أثر الجانب الاجتماعي والاقتصادي في تنشئة الأطفال وما يعكسه من أساليب . فما يشعر به الفرد نحو نفسه من خلال عمله ورؤية الآخرين له يملي عليه شعوراً بالاحترام والتقدير ، وما يرتبط ذلك من سلوك يتلائم مع ذلك الشعور.

وقد ينظر إلى المسألة من زاوية أخرى وهي طبيعة العمل الذي يقوم به الفرد فالعمال غير المهرة الذين ينتمون إلى المستوى الاجتماعي والاقتصادي المنخفض يعتمدون في عملهم غالباً على الجانب الجسدي أكثر من اعتمادهم على الجانب الفكري ، لذلك يمكن القول في هذا الخصوص أن العمل المرتبط بالعقل والفكر ينمي عند الفرد السلوك العملي الصحيح أكثر من العمل الجسدي مما يفرز بظلاله على تنشئة أطفالهم . كما أن الرؤية أحياناً تكون معممة لهم ، فعندما يشعر الآباء بأنهم يمتلكون مفهوم ذات عالٍ قد تعمم على أبنائهم كذلك الحال عندما يشعر الآباء بأنهم ذوو مفهوم ذات واطئ.

أما الجانب الاقتصادي فله أهميته في تشكيل السلوك المتكيف وفي الرؤية إلى الذات ، فالأسر ذات المستوى الاقتصادي المرتفع تستطيع تلبية حاجات الأطفال الجسمية العقلية والنفسية والاجتماعية من خلال توفير كل المستلزمات الضرورية كالألعاب والكتب والإذاعة المرئية والمسموعة والأجهزة الإلكترونية الحديثة كالحاسوب والسفر بمختلف الفصول لأماكن تتناسب معها الأمر الذي يمكن الأسر إلى استغلال الاستعدادات والقدرات العقلية إلى أقصاها والذي ينعكس بشكل إيجابي على الناحية الجسمية والعقلية والاجتماعية والانفعالية ، وهي الأبعاد التي تشكل مفهوم الذات.

ومن الدراسات العربية التي بحثت العلاقة بين مفهوم الذات والمستوى الاقتصادي والاجتماعي والمعاملة الوالدية لدى الجانحات الإناث دراسة قارون[1]، استخدمت الدراسة الأدوات التالية:

1- مقياس أوفر وآخرون لمفهوم الذات للشباب الذي قننه الصيرفي (1988) على البيئة السعودية .

2- مقياس التنشئة الأسرية إعداد حسين (1987) .

3- استمارة المستوى الاقتصادي الاجتماعي إعداد الباحثة.

شملت عينة البحث (44) فتاة غير جانحة و (30) فتاة جانحة بمؤسسة رعاية الفتيات بمكة المكرمة ، و (32)من الأحداث الجانحين بدار الملاحظة للبنين بجدة.

أظهرت الدراسة النتائج الآتية:

1- وجود فروق دالة إحصائياً عند مستوى دلالة (0.05) بين الفتيات الجانحات وغير الجانحات في مفهوم الذات والمستوى الاقتصادي والاجتماعي .

1) قارون، دلال محمد (1989) مفهوم الذات والمستوى الاقتصادي الاجتماعي والمعاملة الوالدية لدى الأحداث الجانحين . رسالة ماجستير غير منشورة ، مكة المكرمة ، كلية التربية ، جامعة أم القرى.

2- وجود فروق دالة إحصائياً عند مستوى (0.05) بين الفتيات الجانحات والفتيان الجانحين في الدرجة الكلية لمفهوم الذات.

3- وجود فروق دالة إحصائياً عند مستوى (0.01) بين الفتيات وغير الجانحات في الأبعاد الجزئية لمفهوم الذات (الذات النفسية- الذات الاجتماعية – الذات الأسرية- الذات التعاملية).

4- لم تتوصل الدراسة إلى فروق دالة إحصائياً بين الفتيات الجانحات والفتيان الجانحين في الأبعاد الجزئية لمفهوم الذات (الذات النفسية الاجتماعية – الذات الأسرية-الذات التعاملية).

مفهوم الذات والمستوى الثقافي للوالدين.

إن لثقافة الوالدين أثراً كبيراً في تنشئة الأطفال وفي رؤيتهم لأنفسهم. فالوالدان اللذان يكونان على درجة عالية من الثقافة والتعليم هما أكثر تقديراً لحاجات الطفل النفسية والجسمية والاجتماعية والعقلية ، فهم غالباً ما يتعاملان تعاملاً سليماً وفق الأسلوب العلمي الواعي بعيداً عن العشوائية والتجريب .

فإذا استخدما التعزيز الشائع فإنه غالباً ما يتسم بالعملية والموضوعية والتنظيم بحيث يكون فاعلاً في التأثير الإيجابي لأبنائهم .

ومن جهة أخرى ، فإن الوالدين الأقل ثقافة وتعليماً قد لا يتسم أسلوب تعاملهما مع أبنائهما بالعلمية والموضوعية، فقد يغلب في تعاملها مع الأبناء أساليب الإهمال أو القسوة أو الشدة أو السيطرة أو العقاب مقارنة بأقرانهما الأعلى ثقافة وتعليماً ، وبالتالي يكون أطفالهم أكثر عرضة لسوء التكيف من الأطفال ذوي أسر من مستوى ثقافي وتعليمي عالٍ.

ففي دراسة الطحان [1] التي كان أحد أهدافها معرفة أثر ثقافة الأسرة في سلوك الأطفال ، شملت عينة البحث (1000) طالبة ، استخدم الباحث قائمة موني (Mooney) لضبط المشكلات بعد تعديلها ميدانياً ، ومقياس المستوى الثقافي للأسرة الذي أعده الباحث.

توصلت الدراسة إلى وجود علاقة بين المستوى الثقافي وسوء التكيف والذي بدوره يؤثر في تشكيل الذات، يظهر واضحاً دور المستوى الثقافي في تنشئة الأبناء، وتشكيل شخصياتهم وبشكل خاص مفهوم الذات.

فعندما يمتلك الوالدان مستوىً ثقافياً مناسباً لتلبية ومراعاة حاجات أطفالهم العقلية والجسمية والاجتماعية والانفعالية ، وأداء واجباتهم المنزلية على أحسن وجه، سيؤدي ذلك إلى إيجاد مقومات البقاء السليم ، كما يظهر طموحاً يتناسب مع مستوى ثقافتهم ، وهذا سيفرز بظلاله على رؤية أطفالهم لأنفسهم.

وفي المقابل هناك كثير من أولياء الأمور لا يمتلكون القدر الكافي من الثقافة التي يمكن من خلالها تنشئة أطفالهم التنشئة الصحيحة، وتلبية حاجات أبنائهم بشكل صحيح من النواحي المختلفة العقلية والجسمية والاجتماعية والانفعالية ، فقد يتخلل هذه البيوت أساليب تربية عشوائية قد تطغي عليها في كثير من الأحيان الشدة والقسوة، خلافات زوجية، نقص التعاون المثمر نقص الطموح ، نقص الانسجام، نقص في عملية الإشراف ، عدم المتابعة ومد الجسور بين البيت والمدرسة للوقوف على مستوى أبنائهم ومشكلاتهم في المؤسسة التعليمية ، وقد يتخلل أحياناً في مثل هذه البيوت الإدمان الذي يقود في أغلب الأحيان إلى الضائقة الاقتصادية، والتقصير في توفير المستلزمات الأساسية لتنشئة الأطفال، وخاصة تلك المتعلقة بالنمو الجسمي والعقلي.

---

1) الطحان ، ناظم (1984) المشكلات النفسية لطالبات المدارس الثانوية، رسالة دكتوراه غير منشورة، كلية التربية جامعة دمشق.

إن هذا الحال يكون في مجمله مرتبك لا يرقى إن يكون بمستوى المسؤولية في تنشئة جيل صحيح معافى ، وكل ذلك قد يدعو إلى السلوك الشائك الذي ينعكس بظلاله السلبي على مفهوم الذات.

إن الآباء يمثلون النماذج الرئيسية الأولى للأبناء ، فالولد يحاكي أباه في كثير من الأمور بشكل قصدي أو غير قصدي والبنت تقلد أمها في أشياء كثيرة .

لذلك فإن كثير من السلوك متعلم من الآباء، ومن هنا يمكن القول أن المستوى الثقافي للوالدين من أهم المتغيرات التي تؤثر في تنشئة الأبناء. والأب الواعي يدرك أن الطفل صفحة بيضاء، ويأخذ الأشياء كما هي صحيحة أو خاطئة ، ويفترض أن يكون الآباء نماذج وقدرة حسنة للأبناء.

إن الآباء ذوي الثقافة العالية تدرك تماماً أهمية الحب والحنان والتعاون والانسجام داخل الأسرة، والتعزيز والتشجيع ، والتغذية الراجعة، وأبعاد الأبناء عن الفشل والإخفاق، وتجنب العقاب وخاصة البدني ، واستغلال القدرات التي يمكن أن يتميزوا بها.

إن ذلك يدعو إلى التكيف الاجتماعي والنفسي الأمر الذي ينعكس بشكل إيجابي على رؤية الفرد لنفسه.

ومن ناحية أخرى فإن الأسرة تتأثر إلى حد ما بثقافة الطبقة، وغالباً ما تنتمي المستويات الثقافية العالية إلى الطبقة الاجتماعية العليا، التي تطالب بشكل عام أبنائهم أن يكونوا ومستوى هذه الطبقة، لهذا فإن هناك علاقة وثيقة بين المستوى الثقافي للوالدين ومفهوم الذات.

الفصل السادس

- مفهوم الذات والجنس
- مفهوم الذات والناحية الجسمية
- مفهوم الذات والتحصيل
- مفهوم الذات والعمر
- مفهوم الذات والسلوك
- مفهوم الذات والمدرسة

مفهوم الذات والجنس

إن متغير الجنس يعد من المتغيرات المهمة التي تؤثر في مفهوم الذات، فهو يحدد إلى حد ما أساليب التعامل الوالدية. وقد ترى الفرق واضحاً في تعامل الوالدين مع أبنائهما. حيث يعطى الولد الرعاية والعناية والاهتمام بقدر يفوق البنت كما أنه يمنح حرية الحركة والتعبير عن آرائه وميوله وتطلعاته أكثر من البنت، ويعد كذلك الممثل الحقيقي أو الأول لتطلعات وآمال الوالدين وخاصة الأب ، الأمر الذي لا يمكن الأّ أن يفرز بظلاله على رؤية كل منهما لنفسه.

وبالرغم من أن النظرة إلى المرأة اختلفت بشكل كبير جداً إذا ما قورنت بعهود سابقة ، فأصبحت لها دور كبير في ميادين الحياة المختلفة ، وشاركت الرجل في مجالات عدة، الاّ أن النظرة لم تصل إلى الوقت الحاضر حد المساواة، لذلك وجدت الدراسات فروقاً بينهما.

ومن الدراسات التي أجريت في هذا الصدد دراسة زهران[1] التي بحثت العلاقة بين مفهوم الذات وعلاقته بالتوجيه المهني لعينة من المراهقين والمراهقات بلغت (220) .

شملت العينة ثلاث مجموعات: مجموعة مفهوم الذات العالي، ومجموعة مفهوم الذات السالب ، والمجموعة العادية (الضابطة) . طبق الباحث عدداً كبيراً من الاختبارات التي تعكس مفهوم الذات. توصلت نتائج البحث فيما يتعلق بالفروق بين الجنسين إن المراهقين حصلوا على درجات أعلى من المراهقات في متغيرات قوة

---

1) زهران، حامد عبد السلام (1971) علم النفس النمو. القاهرة : عالم الكتب ص401-402.

الأنا، والثبات الانفعالي، والثقة الكاملة بالنفس، والاسترخاء والهدوء، وضعف التوتر الدافعي، والصحة النفسية والتوافق السليم ، بدلالة إحصائية.

ومن الدراسات التي بحثت مفهوم الذات وارتباطه بالجنس دراسة اندريوز (Anderews, 1976) [1] التي هدفت توضيح العلاقة بين إدراك الطفل وآراء الآخرين به ، كذلك علاقة عملية الإدراك في التحصيل الدراسي. أجريت الدراسة على (67) طالباً من الذكور البيض و (62) من الإناث البيض.

ومن ضمن النتائج التي توصلت إليها الدراسة أن الذكور تمكنوا من تحقيق درجات أعلى من الإناث في اختبار مفهوم الذات أي، إن الجنس كان له أثره في تطور مفهوم الذات.

بينما درس هيستر (Hester, 1980) [2] أثر الفروق الجنسية في التطور البنيوي لمفهوم الذات وذلك من الصف التاسع وحتى الحادي عشر حيث كان الهدف الرئيسي في دراسته هو البحث عن الفروق الجنسية ذات العلاقة بتطور مفهوم الذات خلال سنوات المراهقة ، وذلك عن طريق تحليل البناء العاملي لمقاييس الرقابة الذاتية (Sos) تم تطبيق مقياس (Sos) على (4593) طالباً وطالبة ، كان عدد الذكور (2261) أما عدد الإناث فكان(2329) تمثل الصفوف التاسعة والعاشرة والحادية عشرة.

---

1) Andrew, D.I.(1976) The perception of significant others and its relationship to children's self concept development and school achievement . Dissertation Abstracts International . 36(7) 4337A.

2) Hester, J . G.(1980) Sex differences in the structural development of self concept across grade nine through eleven . Dissertation Abstracts International 40(10) 5375A.

ومن أهم النتائج التي توصلت إليها الدراسة إنه لم يكن للفروق الجنسية بين الطلبة أي أثر في تطور مفهوم الذات خلال الصفوف الثلاثة.

إما الدراسة التي قام بها جيجيد (Jegede) [1] فهدفت معرفة أثر بعض المتغيرات في تطور مفهوم الذات لدى عينة شملت الجنسين وبلغت (1380) فرداً. كان عدد الإناث (552) و (828) من الذكور يمثلون المرحلة الثانوية في نيجيريا ، إن من أهم ما توصلت إليها الدراسة هو وجود فرق ذات دلالة إحصائية بين الجنسين في تطور مفهوم الذات ولصالح الذكور.

بينما لم تظهر دراسة عروق [2] فروقاً حيث كان أحد أهدافها هو معرفة الفروق بين مفهوم الذات لطلبة المرحلة الأساسية تبعاً لمتغير الجنس. تكونت عينة البحث من (600) طلب وطالبة (300 طالب و 300 طالبة)، يمثلون المرحلة الأساسية لأعمار (16, 14,12) سنة للصفوف (السادس والثامن والعاشر) استخدم مقياس مفهوم الذات لبيرس وهاريس المعرب لملاءمة البيئة الأردنية.

ومن النتائج التي توصل إليها البحث عدم وجود فروق ذات دلالة إحصائية تبعاً لمتغير الجنس.

وقد أتخفظ فيما توصلت إليه دراسة عروق في عدم وجود فرقاً تبعاً لمتغير الجنس الذي يعد من أهم المتغيرات تأثيراً في رؤية الذات إذ أن النظرة في مجتمعنا العربي مازالت لا ترقى إلى مستوى المساواة بين الولد والبنت.

---

1) Jegede, R. O (1982) Across secional study of self concept development in Nigerian adolescents , The Journal of Psychology 110-2-pp.249-261.

2) عروق ، ادريس صالح محمد (1992) تطور مفهوم الذات لدى طلبة المرحلة الأساسية، رسالة ماجستير غير منشورة ، جامعة اليرموك، اربد.

أما الدراسة التي أجراها فرانكو (Franco)[1] عام (1983) فقد تناولت التحليل التطوري لمفهوم الذات لدى كل من أطفال المدارس المكسيكية والأمريكية والإنجليزية.

تم اختيار عينة مكونة من (44) طالباً و(48) طالبة من الامريكان والانكليز. وكذلك (103) طلاب و(116) طالبة من الأمريكان المكسيكيين ، وتم اختيار العينة من مدرستين أحدهما تقع في الريف والأخرى تقع في المدينة .

أظهرت النتائج أن لعامل الجنس أثراً في التحليل التطوري لمفهوم الذات، وإن مفهوم الذات لدى أطفال الريف كان أعلى من مفهوم الذات لدى أطفال المدينة.

وأظهرت دراسة تشيام (chiam, 1987)[2] فروقاً بين الجنسين في مرحلة المراهقة ، حيث هدفت الدراسة معرفة التغير في مفهوم الذات إثناء مرحلة المراهقة.

تكونت العينة من (375) ذكراً تتراوح أعمارهم بين 14.7 - 17 سنة ، و(289) أنثى تتراوح أعمارهن بين 14.4-17.2 سنة.

أظهرت النتائج إن مفهوم ذات الذكور يتغير مع العمر، في حين لا يكون هذا التغير واضحاً لدى البنات.

كما أظهرت النتائج وجود فروق بين الذكور والإناث في الفئة العمرية 14.7 ذكور 14.4 إناث حيث كان مفهوم الذات للإناث أعلى من مفهوم الذات للذكور في حيث لم يكن هناك فرق في الفئة العمرية 16.1_ ذكور ، 16.4 إناث) و(17ذكور ،

1) Franco ,J . (1983) A Development Analysis of self concept in Mexican American and Anglo school children hispanic. Journal of Behavioural Sciences. 5(2) 207-218.

2) Chiam , A. (1987) Change in self concept during adolescent . Adolescence, vol xx , 11, No 85. pp.69-76.

17.2 إناث) وقد عزى ذلك إلى أن البنات في هذه المرحلة العمرية هن أسرع نمواً من الذكور.

ونبقى في هذا السياق لنشير إلى دراسة أخرى أجريت عام (1987) قام بها ديمو وآخرون (Demo and Others)[1] درسوا خلالها العلاقات الأسرية، وتقدير الذات بين المراهقين ووالديهم.

تكونت العينة من (139) مراهقاً ووالديهم (68) منهم إناثاً و (71) ذكوراً.

أعطي الآباء استبياناً يقيس مظاهر العلاقة بينهم وبين أطفالهم، وتقدير الذات عند الوالدين.

كما أعطي الأبناء استباناً مشابهاً للاستبيان الذي أعطي لوالديهم .

أظهر تحليل الانحدار إن تقدير الذات عند الأولاد كان مرتبطاً بالعلاقات الأسرية على نحو أعلى منه عند الإناث.

يظهر من خلال الدراسات السابقة أثر متغير الجنس في أساليب التنشئة التي يتبعها الآباء وعلاقة ذلك بمفهوم الذات.

إن الأسرة غالباً ما تمنح الدور والمكانة الاجتماعية للولد والبنت لما هو مرسوم من المجتمع وما يستسيغه وفق أعرافه وتقاليده وعاداته.

والنظرة إلى البنت منذ القديم تختلف عن النظرة إلى الولد، إذ يعطى الأخير دوراً ومكانة اجتماعية متميزة عن البنت بشكل عام.

---

1) Demo, D.H. and Others (1987) Family relation and the self steem of adolescents and their parents. Journal of Marrige and the Family . 49 November pp.705-715.

وقد يكون هذا الاختلاف في المجتمعات الإنسانية بشكل رسمي أو غير رسمي . فمثلاً يطالب الآباء الذكور الالتزام بمعاني الرجولة والاستقلالية والتمثيل الأسري ، بينما يطالبون البنات بمعاني الطاعة والاحترام والخضوع . إن ذلك يؤثر بشكل أساسي بمستوى الطموح ، والمبادرة ، وقوة الأنا، والاستقلالية والتفكير النقدي ، والحرية في التفكير ، وهذه أمور على غاية من الأهمية في رؤية الفرد لنفسه ، إذ يشعر الذكور بشكل عام بالكفاءة والتميز إذا ما قورنوا بالبنات . لذلك نجد عبر التاريخ أن المتميزين والعباقرة والمبتكرين كانوا من الرجال . وقد عزا بعض الباحثين ذلك إلى الاختلاف من الناحية الفسيولوجية حيث وجدوا إن الذكور أكثر إفرازاً لهرمون الأدرنالين الذي يرتبط بالنشاط العقلي[1] ولا يمكن التسليم بذلك، وهي تدعو إلى النقاش الطويل ، لأن المرأة مقيدة عبر التاريخ، ولم تعط الحرية كالرجل للانطلاقة والتحرر الذي ينعكس بشكل إيجابي على صقل القدرات العقلية والذي يصب في مفهوم الذات العام.

إن النظرة إلى البنت قد تغيرت في السنوات الأخيره للتطور الواعي في ميادين الحياة ، وإنها اشتركت في معظم ميادين الأنشطة الحياتية، إلاّ أنها لا ترقى أن تكون بمستوى النظرة إلى الولد.

ولا بد من الإشارة إلى أن المسألة تخضع لثقافة المجتمع إذ أن النظرة إلى متغير الجنس ليست على درجة واحدة ، وإنما تختلف من مجتمع إلى آخر وفق ثقافته ، وقد تختلف درجة النظرة إلى متغير الجنس في البلد الواحد وفق الثقافة العامة والثقافة الفرعية لذلك البلد.

---

1) الظاهر ، قحطان أحمد (2000) الطفل غير العادي : الموهوبون والمعاقون . طرابلس : مطابع الثورة العربية ، ص37.

إما إذا قارنا بين المجتمع الشرقي والمجتمع الغربي سنجد فروقاً بينهما وفق هذا المتغير وتتأثر هذه الفروق من خلال الاختلاف في طبيعة المجتمع وأعرافه وتقاليده وقيمه.

لذلك فإن طبيعة المجتمع قد تدعو الأسر إلى تنشئة الذكور بطريقة تختلف عن الإناث الأمر الذي يؤدي إلى اختلاف البيئات النفسية حتى لو كانوا ضمن أسرة واحدة.

مفهوم الذات والناحية الجسمية.

تعد الناحية الجسمية من المصادر الحيوية في تشكيل مفهوم الذات والتي تتضمن بنية الجسم ومظهره وحجمه . إن طول الجسم وتناسقه ومظهرة وملامحه الجميلة لها تأثير إيجابي في رؤية الفرد لنفسه لأن ذلك يدعو غالباً إلى استجابات القبول والرضا والتقدير والحب والاستحسان . ويعد ذلك تعزيزاً ذاتياً وقوياً وقوة ذاتية تدفع الفرد إلى التجاوب مع قدراته الذاتية والمناخ الاجتماعي بشكل مثمر لذلك فإن صورة الجسم لها أثر فاعل في تفاعل الفرد الاجتماعي. ويعد النضج الجسمي للمراهق أو للذات الجسمية عنصراً مهماً في مفهوم الذات ، لذلك فإن البلوغ المبكر للبنات له تأثير إيجابي في مفهوم الذات بدرجة أكثر من البلوغ المتأخر.

إن المراهق ينظر إلى جسمه كرمز للذات فشكل الوجه وتناسقه وجماله والطول والوزن يؤثر بشكل كبير في مدى تقبله لذاته وتقييمه لها . وقد يخلق عنده نوعاً من القلق وخاصة إذا كان هناك قصور، أو عدم كفاية لبعض أجزاء جسمه إذ أن النقص في أي جانب قد ينمي عنده شعوراً بالدونية مما ينعكس بشكل سلبي على رؤيته لنفسه.

ومن الدراسات التي أظهرت العلاقة بين مفهوم الذات والنضج الجسمي دراسة موسن وجونز (Mussen and Jones)[1] التي أجريت على عينة بلغت (33) فرداً بعمر (17) سنة، تميز ستة عشر فرداً منهم بأنهم سريعو النمو الجسمي خلال فترة المراهقة . أما البقية فكانت متأخرة بشكل مستمر.

ومن النتائج التي توصلت إليها الدراسة أن المتأخرين في النمو الجسمي كانت مفاهيمهم الذاتية أكثر سلبية في معظم الأحيان، ولديهم شعور بعدم الكفاية / وحاجتهم إلى العون قياساً بأقرانهم الناضجين حيث أظهروا الثقة بالنفس والاعتماد على الذات.

إن الفرد في مرحلة المراهقة يحاول أن يقارن نفسه بأقرانه ويعطي ذلك أهمية كبيرة ، كما أنه يتأثر كثيراً في الانطباعات والتعليقات التي تصدر من رفاقه وخاصة الجنس الآخر لكلا الجنسين، أو من الراشدين سلباً أو إيجاباً وهي بدورها تؤثر في الوظيفة الاجتماعية والتفاعل الاجتماعي، فإذا كانت مؤشرة على انطباعات سلبية أثرت بشكل سلبي في عملية التفاعل الاجتماعي والعكس صحيح .

وتتأثر المسألة إلى حد ما بمتغير الجنس والعمر الزمني ، إذ يمكن القول في هذا الخصوص إن الإناث في مرحلة المراهقة أكثر اهتماماً بصورة أجسامهن من الذكور ، ولكن في ذات الوقت، يكون الذكور أفضل في تقييم صورة أجسامهم من الإناث .

---

1) Mussen ,pH., and Jones, M.(1957) Self conception , motivation, and Interpersonal attitudes of late and early maturing boys. Child Development –28pp243-256.

ومن الدراسات التي أجريت في ذلك دراسة ستوبز وكوف وريردن(Stubbs, Koff and Rierden)[1] التي هدفت معرفة العلاقة بين الناحية الجسمية ومفهوم الذات.

شملت عينة البحث (92) مراهقاً و (77) مراهقة.

استخدم في الدراسة الأدوات التالية:

1- مقياس صورة الجسم   2- مقياس الرضا عن الجسم

3- مقياس مفهوم الذات وتقديرها   4- مقياس لإدراك الذات.

أسفرت النتائج على أن المراهقات أكثر إنتباهاً لأجسامهن من الذكور، في حين أظهر الذكور تقديراً أفضل لأجسامهم من الإناث.

ومن الجدير بالذكر أن النموذج الجسمي يتأثر إلى حد ما في ثقافة الفرد التي ترتبط ارتباطاً وثيقاً بمعايير وثقافة المجتمع .

إن رضا الفرد وقناعته بصورة جسمه تعد أحد العوامل التي تؤدي إلى التوافق والصحة النفسية، في حين أن عدم الرضا عن صورة الجسم يؤدي إلى سوء التوافق الذي يصب في قالب سوء التوافق الفيزيقي وهو جزء من التوافق النفسي. إن ذلك يؤثر في رؤية الفرد لنفسه لأن مفهوم الذات الجسمي من المصادر الأساسية التي تشكل مفهوم الذات .

ولا بد من الإشارة إلى أن النظرة إلى الجسم لا تكون واحدة عبر المراحل المختلفة ، ففي مرحلة الطفولة تتسم النظرة إلى الجسم بالكلية ، ولكن في مرحلة المراهقة تبدأ النظرة إلى أجزاء الجسم ومقارنتها مع بعضها كما تقارن مع الأقران.

---

1) Stubbs, M. Koff, E and Rierden . (1991) Gender, Body Image and Self Concept in Early Adolescence, 10 (1), 56-68.

ومن الدراسات التي أجريت في هذا الصدد دراسة النيال وكفافي [1] التي هدفت معرفة التغير الذي يحدث لصورة الجسم وفق متغير العمر وعلاقته برؤية الذات وتقديرها.

شملت عينة الدراسة مجموعتين تمثل قطرين عربيين ، المجموعة القطرية بلغت (306) طالبة مراهقة، والعينة المصرية بلغت(325) طالبة مراهقة يمثلون تسع فئات عمرية (22,21,20,19,18,17,16,15,14) بنسب مئوية تراوحت ما بين (9.8% - 12.1%).

استخدم في الدراسة مقياس صورة الجسم من إعداد الباحثين ومقياس آيزنك للشخصية ، ومقياس تقدير الذات الذي أعده حسين الدريني ومحمد أحمد سلامة وعبد الوهاب محمد كامل .

لم تظهر الدراسة تطابق بين المراهقات المصريات والمرهقات القطريات في النظرة إلى صورة الجسم، حيث كان هناك اختلاف بينهما فمثلاً ظهرت فروق دالة بين الفئات العمرية التسع ومتوسط صورة الجسم لدى المراهقات في كل من المجموعة القطرية والمجموعة المصرية (أعمار 16,15,14,22,19) كان أربع منها لصالح المصريات (16,15,14,20) ، وفرق واحد لصالح القطريات (19) بما يشير بشكل عام الى أن المراهقة المصرية أكثر رضا عن صورة جسمها من المراهقة القطرية . وهذا يرتبط ارتباطاً وثيقاً بثقافة المراهقة التي ترتبط بشكل مباشر بمعايير وثقافة المجتمع.

1) النيال ، مايسه أحمد وكفافي ، علاء الدين (1995) صورة الجسم وبعض متغيرات الشخصية لدى عينات من المراهقات . الإسكندرية: دار المعرفة الجامعية.

كما أظهرت الدراسة أن صورة الجسم لدى المراهقة المصرية أكثر استقراراً وثباتاً من المراهقة القطرية.

وأظهرت الدراسة كذلك أن هناك ارتباطاً وثيقاً بين الرضا عن صورة الجسم وتقدير الذات دالاً إحصائياً .

فكلما ازداد الرضا عن صورة الجسم ارتفع تقديرها لذاتها .

وقد قارنت دراسات بين الإنسان الاعتيادي وغير الاعتيادي وأثر ذلك في تطور مفهوم الذات.

فقد تناولت دراسة اوباكور(Obiakor, 1987) [1] مقارنة لتطور مفهوم الذات لدى الأطفال المبصرين وضعاف البصر تكونت عينة الأفراد المبصرين من (229) فرداً تم اختيارهم من مدارس نيومكسيكو بشكل عشوائي . أما عينة الأفراد ضعيفو البصر فكانت (61) فرداً. اختيرت من مدارس حكومية لضعاف البصر في نيومكسيكو .تم اختيار العينتين من الصفوف السادس والسابع والثامن .

اظهرت النتائج وجود فروق ذات دلالة إحصائية في مفاهيم الذات بين الأفراد المبصرين وضعاف البصر للصفوف الثلاثة ولصالح المبصرين ، كما أن الأفراد الضعاف بصرياً لا يملكون مفهوماً متدنياً للذات.

وبينت النتائج أن للخبرة المدرسية أثراً على الطلبة المبصرين وضعاف البصر في تطور مفهوم الذات.

---

1) Obiakor , F.E .(1987) A Comparative study of the development of self concept in normally sighted and visually impaired students. Dissertation Abstracts International 28(2) 383 A.

وأرى أن أي نقص أو قصور لدى الفرد سيكون له تأثيره في الفرد وقد يعيقه أحياناً في التطور السليم في جانب أو أكثر، وهذا ما ينعكس في رؤيته لنفسه.

وقد يحدث أحياناً أن يعوض ذلك النقص من خلال استغلال القدرات التي يمكن استغلالها إلى أقصاها لسد ذلك النقص ، وقد أشار الظاهر [1] إلى نظرية أدلر التي فسرت التفوق في ضوء عقدة النقص ، وهو شعور الفرد بقصور عضوي يعرقل أداء وظيفته الأمر الذي يؤدي إلى شعوره بالدونية وقد يؤدي أحياناً الشعور بالنقص الاجتماعي والاقتصادي .

وإن هذا الشعور قد يدفع الإنسان جاهداً إلى عملية التعويض (Compensation) ، وقد يكون التعويض مباشراً وهناك أمثلة كثيرة على ذلك منها نبوغ لبشار بن برد وأبو العلاء المعري ، وطه حسين وسلتون بالرغم من فقدانهم البصر ، وبراعة بيرون في السباحة بالرغم من عرجه، وبتهوفن الموسيقي المشهور الذي أبدع إبداعاً متميزاً في مجال الموسيقى بعد أن أصيب بالصمم.

لذلك يرى أدلر أن هذا النقص يخلق حافزاً للتفوق وهو من أقوى موجهات السلوك للنمو والتميز الفردي لإثبات ذاته وتغطية ذلك النقص.

ولكن هل يمكن القول أن كل من يشعر بالنقص يسد ذلك النقص بالتميز ؟ والجواب سيكون بالتأكيد بالنفي.

ولكن يمكن القول أن هناك مظاهر متشابهة للنقص لكن آثارها النفسية ليست واحدة ، فقد تدفع أحدهم إلى النبوغ والعبقرية ، وقد تدفع آخر إلى نزوات إنحرافية.

1) الظاهر ، قحطان أحمد ، مصدر سابق ، ص38.

مفهوم الذات والتحصيل

يعد التحصيل من الأبعاد الرئيسية المكونة لمفهوم الذات، وإن أحد التقسيمات لأبعاد مفهوم الذات هو التقسيم الذي يعتمد على مفهوم الذات الأكاديمي ومفهوم الذات غير الأكاديمي ، ويخضع التحصيل تحت إطار الأول، بينما يتضمن الثاني الجانب الجسمي والعاطفي والاجتماعي.

لذلك فإن العلاقة بين مفهوم الذات والتحصيل علاقة قوية ووثيقة إذ يمكن القول أنه كلما زاد أحدهما أثر في الثاني بشكل إيجابي . وتشير الدراسات إلى أن الأفراد ذوي التحصيل المنخفض غالباً ما يميلون إلى أن يكونوا مشاعر سلبية اتجاه أنفسهم . في حين يميل الأفراد ذوو التحصيل العالي إلى تكون مفاهيم ومشاعر إيجابية.

ويمكن أن نستشهد ببعض الدراسات التي تطرقت إلى هذا الموضوعات، فقد أجرى بلبل (Bulbul) [1] دراسة كان موضوعها العلاقة بين مفهوم الذات والتحصيل الدراسي لتلاميذ المرحلة الابتدائية في تركيا. تكونت عينة البحث من (207) تلاميذ يمثلون الصفوف الثالثة والرابعة والخامسة.

توصلت الدراسة إلى وجود علاقة إيجابية وذات دلالة إحصائية بين مفهوم الذات والتحصيل الدراسي.

أما في المرحلة الإعدادية، فقد أجرى يعقوب وبلبل [2] دراسة هدفت التعرف على درجة العلاقة بين مفهوم الذات والتحصيل الدراسي في الأردن .

---

1) Bulbul, R. (1980) The relationship between self concept and academic achievement among Turkish elementary school students. PhD Dessertation Florida ,University of Florida

2) يعقوب ، أبراهيم، وبلبل ، رمزي (1985) علاقة مفهوم الذات بالتحصيل الدراسي لدى تلاميذ المرحلة الإعدادية في الأردن، أبحاث اليرموك، المجلد الأول ، العدد الثاني، ص ص 49-64. جامعة اليرموك ، أربد.

شملت عينة البحث (622) طالباً وطالبة، (352) من الذكور و (310) من الإناث موزعين على ثماني عشرة شعبة (تسعة ذكور ومثلها إناث) بواقع ستة صفوف لكل من الصفوف الأولى والثانية والثالثة الإعدادية .

استخدم مقياس بيرس هاريس لمفهوم الذات الذي طوره أسعد الداوود ليلائم البيئة الأردنية.

توصلت الدراسة إلى وجود علاقة إيجابية وذات دلالة إحصائية بين درجات مفهوم الذات والتحصيل الدراسي لدى مختلف مجموعات الدراسة .

ولا بد من الإشارة إلى أن التحصيل يرتبط ارتباطاً وثيقاً بالمدرس الذي يرتبط بدوره بالمادة . فلا يمكن من حيث المنطق أن يقول متعلم أنا أحب مدرس الرياضيات وأكره المادة ، أو أنا أحب مادة الرياضيات وأكره مدرسها ،لأن العلاقة بينهما ترابطية لذلك يمكن تحسين متعلم ما في أي مادة إما من خلال المدرس ذاته أو عملية تدريس المادة . فإذا تعامل المدرس بشكل إيجابي مع المتعلمين وتعلق بهم خارج إطار الصف ، تعلق المتعلمون به وأحبوه ، وإذا أحبوه انتبهوا إليه بما ينعكس بشكل إيجابي على تحسينهم في المادة التي يدرسها. وفي الجانب الآخر إذا اتصف المدرس بخصائص المدرس الجيد وخاصة ما تتطلبه عملية التدريس، وما تتضمنه من أساليب وطرق وكل ما يدعو إلى شد المتعلمين، كتوزيع البصر، تلاقي العيون، اللغة السهلة الواضحة ، الوقفات بين الجمل والعبارات ليتسنى للمعلومه أن تستقر في الذهن ، السرعة المعتدلة للصوت، التحكم بالصوت (العلو والانخفاض والإسراع والبطئ) وفق ما يتطلبه الحال ، إضافة إلى التسلسل الموضوعي والمنطقي واستخدام الوسائل والطرق الكفيلة بخلق جو إيجابي والتعزيز والتغذية الراجعة ، إن ذلك كفيل بزيادة الانتباه الذي يؤدي إلى تحسن المتعلم بالمادة، وهي

تصب في الانطباع الذي يؤخذ عن المدرس والذي يشكل حالة من الارتياح له. لذلك فإن هناك علاقة جدلية بين المادة والمدرس لا يمكن الفصل بينهما.

لذلك نقول أن هناك علاقة وثيقة بين التحصيل والمدرس فالمدرس الواعي اليقظ المتسلح علمياً هو ذلك المدرس الذي يستغل إيجابيات المتعلم لتكون مدخلاً غنياً لتحسينه في جوانب أخرى وخاصة السلبية ، ويبعد المتعلم قدر الإمكان في أي حالة من حالات الفشل والإحباط ، ونحن نعرف ما للفشل والإحباط من تأثير في التوافق النفسي والاجتماعي التي تصب في رؤيته لنفسه.

ومن الدراسات التي بحثت عوامل الفشل والنجاح وعلاقتها بمفهوم الذات دراسة خنفر (1983) [1] التي هدفت فحص العلاقة بين مفهوم الذات وعوامل النجاح والفشل التحصيليتين كما يدركها طلاب المرحلة الثانوية في الأردن .

بلغت عينة الدراسة (195) طالباً في الصف الثاني الثانوي الأكاديمي بفرعيه العلمي والأدبي في المدارس الثانوية الحكومية . تراوحت أعمار العينة بين (16-18) سنة واستخدم مقياس بيرس هاريس لمفهوم الذات .

توصلت الدراسة إلى نتائج أهمها عدم وجود فروق ذات دلالة إحصائية بين الطلاب ذوي مفهوم الذات المرتفع والطلاب ذوي المفهوم الذات المنخفض عموماً من حيث ادراكاتهم السببية للعوامل المؤدية إلى نجاحهم أو فشلهم.

---

1) خنفر، صبحي (1983) العلاقة بين مفهوم الذات وعوامل النجاح والفشل التحصيليتين كما يدركها طلاب المرحلة الثانوية في الأردن ، رسالة ماجستير غير منشورة . جامعة اليرموك ، اربد ، الأردن.

وأجرى حسين (1985) [1] دراسة موضوعها مفهوم الذات وعلاقته بالكفاية في التحصيل والتخصص في المرحلة الثانوية (علمي وأدبي).

شملت عينة البحث (189) طالباً من الصفين الثاني والثالث الثانوي في مدرستين ثانويتين .

استخدمت في الدراسة الأدوات التالية:

أ‌-   اختبار مفهوم الذات في المجال المدرسي.

ب- اختبار مفهوم الذات للكبار إعداد محمد عماد الدين إسماعيل .

ج- مقياس نسبي لمفهوم الذات من أعداد فتس Fitts.

د- مقياس مفهوم الذات من إعداد ماك دانيال Mc Danial توصلت الدراسة إلى ما يأتي.

1- توجد فروق ذات دلالة إحصائية بين المتفوقين تحصيلياً والعاديين، ولصالح مجموعة المتفوقين في مفهوم الذات.

2- توجد فروق ذات دلالة إحصائية بين العاديين والمتأخرين تحصيلياً، ولصالح مجموعة العاديين في مفهوم الذات.

3- توجد فروق ذات دلالة إحصائية بين المتفوقين والمتأخرين تحصيلياً، ولصالح المتفوقين تحصيلياً في مفهوم الذات ، ولوحظ أن ارتفاع الدرجة على مفهوم الذات يرتبط بارتفاع التحصيل.

---

1) حسين، محمود (1985) مفهوم الذات وعلاقته بالكفاية والتحصيل الدراسي والتخصص في المرحلة الثانوية، رسالة الخليج العربي ، السنة الخامسة ، العدد الثاني عشر. ص ص 251-280.

وتعد أساليب التعزيز التي يستخدمها المعلم من المتغيرات المهمة في تحسين مفهوم الذات لدى التلاميذ وسوف نتطرق إلى فاعلية المعلم ضمن إطار المدرسة لاحقاً.

ومن الدراسات التي بحثت أثر تعزيز التحصيل دراسة العلي[1] التي هدفت معرفة أثر تعزيز التحصيل في مادة الرياضيات في رفع مفهوم الذات المتدني لدى الطلبة الذكور في المرحلة الثانوية. شملت عينة البحث (30) طالباً من مدرسة الأمير حسن الثانوية في أربد ، استخدم مقياس بيرس هاريس المعرب للبيئة الأردنية.

توصلت الدراسة إلى وجود فروق ذات دلالة إحصائية بين متوسطات درجات أفراد مجموعات الدراسة على اختبار مفهوم الذات الأكاديمي العلمي لصالح مجموعة التعزيز والتقوية . كما ظهر وجود فروق بين المجموعات على اختبار مفهوم الذات العام البعدي والقبلي ولصالح مجموعة التعزيز والتقوية.

إن تحسن أي فرع من فروع مفهوم الذات العام سيصب فيه فعند تحسن الطالب في الرياضيات سيصب في مفهوم الذات الأكاديمي ، وهذا بدوره يصب في مفهوم الذات العام.

ولا بد من الذكر أن التحصيل الدراسي يتأثر بعدة متغيرات تتعلق بالفرد ذاته من خلال قدراته الحقيقية المرتبطة بالموروث والاكتساب ، والدافعية التي ترتبط ارتباطاً وثيقاً بالنواحي الاجتماعية والاقتصادية والثقافية والجو الأسري بشكل عام. كما يرتبط التحصيل الدراسي بالجو المدرسي والمدرس والمناهج

---

1)العلي ، عدنان (1985) أثر التعزيز في مادة الرياضيات في رفع مفهوم الذات المتدني لدى الطلاب الذكور في المرحلة الثانوية . رسالة ماجستير غير منشورة ، جامعة اليرموك ، أربد.

والنفس العام للمدرسة، وخاصة المدرس إذ يؤثر بشكل كبير في تحصيل المتعلمين، وهو من أكثر المتغيرات المدرسية تأثيراً في المتعلم وفي رؤيته لنفسه.

إن الدرجات التحصيلية للمتعلم تعد تقييماً من المدرس لقدراته كما يدركها المتعلم ، بالرغم من أن ذلك قد لا يمثل حقيقته ، لكنها تعطي إما دفعاً لبذل المزيد من الجهد والمثابرة، أو قد تدعوه إلى التلكؤ والتقاعس.

ومن الدراسات الأجنبية التي بحثت العلاقة بين مفهوم الذات والتحصيل، دراسة روجرز وزملاؤه (Rogers ,etal , 1978) [1] كان موضوعها مقارنة اجتماعية في غرفة الصف : العلاقات بين التحصيل الدراسي ومفهوم الذات.

شملت عينة البحث (159) تلميذاً من ذوي التحصيل المنخفض موزعين على (7) فصول دراسية في سبع مدارس ابتدائية تتراوح أعمارهم بين 6-12 سنة.

استخدمت الدراسة أداتين اختبار متربوليان للتحصيل الدراسي، وهو اختيار مقنن في الرياضيات والقراءة واختبار بيرس هاريس لمفهوم الذات .

من أهم النتائج التي توصلت إليها الدراسة أن علاقة مفهوم الذات ذات طبيعة اجتماعية، فعند توزيع التلاميذ إلى ثلاث مجموعات وفقاً لصفوفهم المدرسية، تبين وجود علاقة ارتباطية موجبة وذات دلالة إحصائية بين مفهوم الذات والتحصيل في كل من الرياضيات والقراءة ، ولكن عندما وزع التلاميذ إلى ثلاث مجموعات بغض النظر عن صفوفهم ، لم تكن هناك علاقة ارتباطية ذات دلالة إحصائية بين مفهوم الذات والتحصيل في الرياضيات فقط.

1) Rogers, S. Smith, M.D ana Coleman , J- M(1978) Social comparison in the classroom . The relationship between a cademic achievement and self concept. Journal of Educational Psychology . vol 70-No.1 , pp. 50-75.

يتبين من خلال الدراسة السابقة العامل الاجتماعي وتأثيره في الفرد حتى في الجانب الأكاديمي ، ويظهر بوضوح في مادة الرياضيات ، لأن القراءة قد لا تخضع لهذا العامل كما هو الحال بالنسبة للرياضيات التي تحتاج إلى تفكير مرن وآني.

وفي هذا السياق قام مارش وزملاؤه Marsh, et al, 1985[1] بدراسة العلاقة بين مادتي القراءة والرياضيات ومفهوم الذات، حيث هدفت تقدير الأبعاد المتعددة لمفهوم الذات والتحصيل الدراسي، شملت عينة البحث من (449) فرداً من الصف الخامس (422 ذكور و 137 إناث) ، تتراوح أعمارهم حوالي 10 سنوات موزعين على (16) شعبة من سبع مدارس في مدينة سدني الأسترالية وكانوا من مستويات اقتصادية متباينة .

أما الأدوات التي استخدمت في الدراسة فهي:-

1-   استبانة الوصف الذاتي Self Description Questionnaire

2-   اختبار القراءة المبدئية المسحية Primary Reading Survey Test

3-   اختبار التحصيل الصفي في الرياضيات The class Achievment Test in Mathematic

توصلت الدراسة إلى نتائج أهمها: التحصيل في الرياضيات والقراءة يرتبط على نحو جوهري مع بعضها ومع مفهوم الذات في الرياضيات ومفهوم الذات في القراءة ، ولكن مفهوم الذات في القراءة ، ومفهوم الذات في الرياضيات لديهم لم تكن بينهما علاقة تقريباً .

---

1) Marsh, H.W, Smith , I.D and Barnes,J (1985) Multidimenstional self concept :relation with sex and academic achievement – Journal of Educational Psychology, vo. 77, No 5 . pp. 581-596.

كما بينت النتائج أن التأثيرات المباشرة للتحصيل في الرياضيات على مفهوم الذات في القراءة، وتأثيرات التحصيل في القراءة على مفهوم الذات الرياضيات كانت سلبية في كلتا الحالتين.

وأتحفظ فيما وصلت إليه الدراسة بأن تأثير مفهوم الذات في القراءة على مفهوم الذات الرياضيات والعكس كذلك كان سلبياً. وأرى بشكل عام أن أي تحسن في أي مادة ، وأشرت إلى ذلك سابقاً، لا يقتصر على المادة نفسها، وإنما ينعكس بشكل إيجابي على مواد أخرى ، ولكن بدرجات متفاوتة، فإذا تحسن (س) في مادة الفيزياء مثلاً فلا يقتصر ذلك على هذه المادة وإنما سيعكس بشكل أو بآخر على مواد أخرى، فيكون تأثيره مثلاً في الكيمياء أكثر من تأثيره في التاريخ.

أما الدراسة التي قام بها ستريت (Street) [1] فهدفت إلى اختبار العلاقة بين مفهوم الذات والتغذية الراجعة (Feedback) لدى طلبة المدرسة الثانوية.

تكونت عينة الدراسة من (80) طالباً وطالبة يمثلون الصف الثاني عشر، بينهم (42) ذكراً و(38) أنثى.

استخدمت الدراسة مقياس تقييم السمة (The Trait Evaluation Scale) من إعداد الباحث، توصلت الدراسة إلى نتائج أهمها:

توجد علاقة إيجابية بين مفهوم الذات والتغذية الراجعة في جميع المجالات، وهذا ما ظهر من خلال الاتساق في معاملات الارتباط الإيجابية التي ظهرت بين أداء أفراد المجموعة التجريبية على الاختبارين القبلي والبعدي، حيث كانت

---

1) Street, S (1988) Feedback and self concept in high school student. Adolescence , vol, 23, No-9 pp.449-456.

معاملات الارتباط متباينة في قيمها ، مما يشير إلى أهمية التغذية الراجعة في أحداث مثل هذا الاتساق في النتائج .

ويؤكد على وجود علاقة إيجابية عالية بين التغذية الراجعة ومفهوم الذات.

وبالرغم من أهمية التغذية الراجعة في التربية والتعليم إلا أنها كعملية لا تكون على درجة واحدة، وإنما تختلف من فرد إلى آخر سواء كان مرسل التغذية الراجعة أو مستقبلها، ويرتبط ذلك بمتغيرات كثيرة، فقد يرسل شخص تغذية راجعة تتسم بالوضوح والسهولة من خلال الأسلوب والطريقة الأمثل ، بينما لا يستطيع آخر أن يحقق ذلك بنفس البساطة والوضوح ، كما أن هناك بالمقابل اختلاف بين مستقبلي التغذية الراجعة، كيفية استلامها، ومدى الاهتمام بها، وهو يعود كذلك إلى متغيرات كثيرة لسنا بصدد الخوض فيها.

لذلك يمكن القول أن للتغذية الراجعة أثراً في مفهوم الذات ولكن لا يكون تأثيرها على درجة واحدة.

ولا بد من الإشارة إلى أن التحصيل يتأثر إلى حد ما بعوامل موضوعية وعوامل ذاتية، الأولى تتعلق بشكل أساسي بالمدرس والذي يعتبر من المتغيرات الأساسية في هذا الجانب من خلال خصائصه الشخصية والمعرفية والمهنية التي سبق أن أشرنا إليها.

وكذلك المادة ، وماهيتها ، وكيفية عرضها، والتوجيه والإرشاد.

أما العوامل الذاتية ، فتتعلق بشكل أساسي بقدرات الفرد وميوله وحالته الجسمية والنفسية، وخبراته السابقة ، والأهداف ومدى وضوحها ، والتغذية الراجعة.

لذلك فإن النظرة إلى الفرد من الناحية الأكاديمية من قبل أولياء الأمور أو المدرسين أو الأقران أو المجتمع المحلي، وتقييم الفرد لنفسه من الناحية الأكاديمية تؤثر في نظرة الفرد لنفسه الذي يصب في مفهوم الذات العام.

مفهوم الذات والعمر

أشارت كثير من الدراسات إلى أن مفهوم الذات يتطور تبعاً للعمر، وهي إحدى سمات مفهوم الذات لكنه يتطور بدرجات متفاوتة لعوامل متعددة كالجنس والصف الاجتماعي والتعلم والقدرات العقلية وغيرها.

إن عملية التطور مسألة حتمية ، وإن مفهوم الذات يتبع ذلك ما زال هناك زيادة في المعارف والخبرات التي يمر بها الفرد إثناء محاولته للتكيف مع البيئة التي يعيش فيها.

وبالرغم من حتمية التطور إلا أنه لا يكون بنسق واحد للجميع سواءً على مستوى الأفراد أو الجماعات أو المجتمعات وإنما يرتبط ارتباطاً وثيقاً بالجو الغني الذي يهيئ الأرض الخصبة والظروف الموضوعية لعوامل النمو المختلفة والتنشئة الصحيحة.

وقد يكون الزمن وعاءً واحداً للجميع من حيث الشكل الخارجي لكنه يختلف من حيث المضمون، فهناك من يملؤه للآخر بأشياء تتسم بالغنى والفرادة ، وهناك من يصل به إلى الربع بأشياء لا ترقى إلى دلالة المستوى الأول.

فاليوم واحد عند زيد وعمرو في إطاره الزمني التقليدي ، ولكنه يختلف وفق التطور الذي حصل فيه من خلال المعارف والخبرات التي مر بها كل منهما فضلاً عن أن أي تغير في النواحي الجسمية والاجتماعية سيؤثر بشكل أو بآخر في أبعاد الشخصية بشكل عام ومفهوم الذات بشكل خاص.

ومن الدراسات التي أجريت في هذا الجانب حول العلاقة بين مفهوم الذات والعمر دراسة لارند ومولر(Larned and Muller, 1979)[1] التي هدفت معرفة التغيرات التطورية التي تحدث لمفهوم الذات ، وتقدير مفهوم الذات لدى الطلاب المكسيكيين الأصليين الجدد من الصف الأول حتى الصف التاسع.

تألفت عينة الدراسة من (1471) طالب وطالبة في الولايات المتحدة الأمريكية .

أظهرت النتائج أن مفهوم الذات وتقدير الذات يتغيران من صف لآخر، أي أن تطوراً قد حدث في مفهوم الذات وتقدير الذات تبعاً للانتقال من مرحلة عمرية إلى أخرى ، كما أظهرت النتائج أنه توجد علاقة بين مفهوم الذات وتقدير الذات والتحصيل الأكاديمي لأفراد العينة.

وفي هذا السياق أجرى نوب(Noppe, 1981)[2] دراسة هدفت معرفة أثر عوامل التطور المعرفي والعمر في تطور مفهوم الذات لدى التلاميذ والطلبة، تكونت عينة البحث من (114) فرداً موزعين على الشكل الآتي:

(54) فرداً يمثلون أعمار 8 سنوات.

(14) فرداً يمثلون أعمار 12 سنة.

(46) فرداً يمثلون أعمار 16 سنة.

للصفوف الثالثة والسابعة والحادية عشرة في مدارس الضواحي من أبناء الطبقة المتوسطة.

---

1) Larned , D . J. and Muller, D. (1979) Development of self concept in grade one through nine. The Journal of Psychology, 102(2) 143- 155.

2) Noppe, 1 G. (1981) Age and cognitive development factors in the development of self concept. Paper presented to the Biennial meeting of the society for research in child development . ERIC Document Reproduction Service No, Ed , pp. 265-217.

طبق اختبار (TST) المتكون من عشرين فقرة ، والذي يتطلب جواباً على سؤال (من أنا) بشكل فردي على جميع أفراد العينة، ثم حللت إجاباتهم في (32) مجالاً مثل النشاطات، ودور القرابة ، والشعور الشخصي ، والإحساس بالقدرة والأهلية الأخلاقية.

دلت النتائج على وجود أثر للعمر والتطور المعرفي في تطور مفهوم الذات لدى أفراد العينة.

ونبقى ضمن التسلسل الزمني مشير إلى دراسة ستيبك وآخرون (Stipek and others, 1990) [1] الذين قاموا بدراسة على عينة من الأطفال الصغار كان موضوعها تطور مفهوم الذات لدى الأطفال في مرحلة الطفولة المبكرة .

وقد هدفت الدراسة معرفة التطور في مفهوم الذات لدى الأطفال في السنوات الأولى للمشي أي من عمر (14-40) شهراً.

وذلك من خلال تقارير السلوك التي تقدمها الأمهات حول سلوك أطفالهن، وقد طبقت الدراسة على عينة بلغت (123) طفلاً.

أشارت نتائج الدراسة إلى أن سلوكات الأطفال تنمو لديهم مع ازدياد العمر للطفل أي كان للعمر أثراً في تطور سفهوم الذات.

أما مارش وكرافين وديبوس Marsh, Graven and Debus [2] فقد قاموا بدراسة عنوانها مفاهيم الذات لدى الأطفال من سن الخامسة وحتى الثامنة من حيث

1) Stipek, D.J and others (1990) self concept development in the toddler years. Developmental Psychology 26,6,972-977

2) Marsh, H.W. Graven , R. G. and Debus, R. (1991) self concept of young children 5 to 8 years of age: measurement and multidimensional structure . Journal of Educational Psychoogy 83,3,pp377-392.

القياس والبناء المتعدد الأبعاد. هدفت الدراسة تقدير الأبعاد المتعددة لمفهوم الذات لدى الأطفال من (5) حتى عمر (8) سنوات.

شملت عينة الدراسة (501) تلميذ وتلميذه ، (165) منهم يمثلون مرحلة الروضة و(169) يمثلون مرحلة الصف الأول الابتدائي و(169) يمثلون مرحلة الصف الثاني الابتدائي.

كان العمر السائد لمرحلة الروضة (5) سنوات ، وفي الصف الأول ست سنوات ، وفي الصف الثاني ثماني سنوات.

طبقت إستبانة الوصف الذاتي الأول (SDQ-1) ، لكل مرحلة من المراحل الآنفة الذكر ، والتي صممها مارش(Marsh, 1988,1990) لتقيس الأبعاد المتعددة لمفهوم الذات لما قبل مرحلة المراهقة ، تشمل هذه الأبعاد ثلاثة لمفهوم الذات الأكاديمي (القراءة ، الرياضيات، مفهوم الذات المدرسي العام) وخمسة أبعاد لمفهوم الذات غير الأكاديمي وهي القدرة الجسمية ، المظهر البدني، علاقة الأقران، والعلاقة الأبوية، ومفهوم الذات العام، استخدم التحليل العاملي لمعالجة البيانات.

أظهرت النتائج أن للعمر أثراً في تطور مفهوم الذات ولأبعاده الثمانية ، كما أظهرت النتائج أن حجم الارتباط بين هذه الأبعاد الثمانية تتناقص وفق متغير العمر.

ومن الدراسات العربية التي أجريت في هذا الصدد دراسة عروق [1] التي هدفت الإجابة عن الأسئلة الآتية:

أ- هل يتطور مفهوم الذات لدى طلبة المرحلة الأساسية بتقدم المرحلة العمرية؟

---

1) عروق ، إدريس صالح محمد ، مصدر سابق.

ب- هل يختلف مفهوم الذات لدى طلبة المرحلة الأساسية باختلاف جنسهم؟

ج- هل يتأثر مفهوم الذات لدى طلبة المرحلة الأساسية تبعاً للتفاعل بين العمر والجنس؟

تكونت عينة البحث من (600) طالب وطالبة نصفهم من الذكور والنصف الآخر من الإناث يمثلون المرحلة الأساسية لأعمار (16,14,12) سنة للصفوف (السادس والثامن والعاشر).

استخدم مقياس مفهوم الذات لبيرس هاريس المعرب لملاءمة البيئة الأردنية .

كما استخدم اختبار تحليل التباين الثنائي لمعرفة أثر كل من العمر والجنس والتفاعل بين هذين المتغيرين في مفهوم الذات.

أظهرت النتائج ما يلي:

1- وجود أثر ذي دلالة إحصائية للعمر في تطور مفهوم الذات لدى الطلبة ، وكان لصالح الفئتين العمريتين (14) سنة و(16) سنة .

2- لا يوجد أثر ذو دلالة إحصائية للجنس في مفهوم الذات لدى الطلبة.

3- لا يوجد أثر ذو دلالة إحصائية للتفاعل بين العمر والجنس في مفهوم الذات لدى الطلبة.

يظهر من خلال ما سبق إن مفهوم الذات غير ثابت بشكل مطلق وإنما هو عرضة للتطور ، كما يمكن تحسينه من خلال الأساليب الدقيقة سواءً في البيت أو الدراسة وتهيئة الجو الفني الصحي ، وخاصة في الأبعاد الفرعية لمفهوم الذات، وقد يكون التغيير لصغار السن أسهل من كباره.

إن مفهوم الذات يتكون من خلال العلاقات التبادلية بين الفرد والآخرين وخاصة المقربين منه كأولياء الأمور ، وما تحوي هذه العلاقات من عوامل ذاتية وموضوعية.

وبالرغم من أن الجميع يخضع بشكل حتمي للتقدم الزمني ، لكن الزمن ليس وعاءً فارغاً بل هو مليء بالمتشابهات والتناقضات ، فكل ينهل بما يتفق وظروفه وميوله ورغباته وتطلعاته ، وكلما تقدم الفرد بالعمر اتسعت ثقافته وتعددت أدواره الاجتماعية ، الأمر الذي يملي عليه سلوكاً يتناسب مع مكانته الاجتماعية التي ترتبط بشكل أساسي بالدور مع علمنا، إن كل مجتمع يخضع لمواصفات سلوكية يتوقعها الناس وتتماشى مع المكانة الاجتماعية.

إن ذلك يحدد أسلوب تعامل الفرد مع الآخرين من جهة، ومن جهة أخرى يؤثر بشكل أو بآخر في تحديد أسلوب تعامل الآخرين معه.

ومن هنا يمكن القول إن النظرة إلى الذات قد تختلف وفق المرحلة العمرية سواءً على مستوى الفرد، أو من خلال تعامل الآخرين معه . ولا يمكن أن تكون النظرة واحدة في مراحل الطفولة والمراهقة والرشد.ولا بد من الإشارة إلى أن هناك فرقاً بين العمر الزمني والعمر العقلي، وقد تختلف النظرة إلى الذات بين اثنين متساويين في العمر الزمني، لأنهما يختلفان في العمر العقلي.

مفهوم الذات والسلوك

إن السلوك الإنساني هو نتاج لعوامل داخلية وخارجية تتعلق بالجانب البيولوجي والاجتماعي .

يقول السلوكيون في هذا الصدد إن السلوك متعلم سواءً كان سوياً أم غير سوي إذ إن البيئة الأولى التي يعيش فيها الفرد تشكل سلوكه بشكل أساسي وفق متغيراتها الكثيرة. ويمكن القول أن هناك ارتباطاً وثيقاً بين السلوك ومفهوم الذات، فالذين يتسمون بالسلوك المقبول لديهم مفهوم ذات إيجابي ، بينما الذين يتسم سلوكهم بالسلبية لديهم مفهوم ذات سلبي.

فالفرد يكون مشاعره واتجاهاته وأفكاره من خلال أنماط التنشئة الاجتماعية، والتفاعل الاجتماعي، وأساليب الثواب والعقاب فضلاً عما يدركه عن نفسه من تركيبة جسمية ونفسية وعقلية.

إن السلوك المشكل هو نتيجة لعوامل عديدة منها أساليب التنشئة الوالدين، الرفض الصريح أو المستتر من خلال أشكال إيماءات أو إشارات تدلل على عملية الرفض ، أو السيطرة من خلال الحماية الزائدة أو التدليل المفرط، ومنعه من السلوك الاستقلالي، أو إخضاعه لنظام صارم متخذين أحياناً معايير صارمة للسلوك، وقد يتخذ بعض الآباء العقاب بأشكاله وخاصه الجسدي ، وهذا له تأثير سلبي في رؤية الطفل لنفسه، وهناك كذلك أسلوب التفرقة الذي قد يؤدي إلى السلوك المشكل الذي هو تعبير عن أنّة داخلية نتيجة للسلوك غير السليم الذي يتبعه الوالدان أو أحدهما. أو التذبذب الذي يدعو إلى الخوف والقلق ، وقد يكون ذلك التذبذب أو عدم الاتساق في التعامل مع الأبناء نتيجة لارهاصات داخلية نتيجة لأسباب ذاتية أو خارجية يحاول الآباء تفريغها على أبنائهم أحياناً .

كما إن هناك متغيرات أخرى لها ارتباط بالسلوك المشكل كحجم الأسرة ، الترتيب الميلادي ، الناحية الاقتصادية والاجتماعية والثقافية ، الأقران، المدرسة، البيئة المحلية، وغيرها.

من الدراسات التي بحثت العلاقة بين مفهوم الذات والسلوك المشكل. دراسة أيو (Eyo)[1] التي كان موضوعها الجانحون وغير الجانحين الإنكليز في سبعة أبعاد لمفهوم الذات.

هدفت الدراسة معرفة مفهوم الذات لدى الأحداث الجانحين من خلال سبعة أبعاد لمفهوم الذات، وهي الذات الجسمية والذات الأخلاقية والذات الشخصية، والذات العائلية والذات الاجتماعية ، ونقد الذات ، ومفهوم الذات ككل .

تكونت العينة من (90) من الذكور الجانحين و(121) من غير الجانحين، استخدمت الدراسة اختبار تنيسي لمفهوم الذات طبق على الجانحين وغير الجانحين في مجموعات صغيرة من (7-10) في غرف الدراسة . أظهرت النتائج إن هناك فروقاً دالة إحصائية بين الذات الجسمية ونقد الذات لدى الجانحين وغير الجانحين، وكان الجانحون أكثر تفوقاً في هذين البعدين.

إما مفهوم الذات الاجتماعي ومفهوم الذات العائلي ومفهوم الذات الأخلاقي فكان الجانحون أقل من غير الجانحين في هذه الأبعاد . كذلك كان الجانحون أقل من غير الجانحين في مفهوم الذات الكلي.

1)Eyo, I, E. (1981) British delinguents and nondelinguents on seven domains of the self concept Journal of Psychology, 109, 1-2 pp.137-145

ومن الدراسات الأخرى التي بحثت العلاقة بين السلوك ومفهوم الذات دراسة ستراوس وآخرون (Strauss and others,1988)[1] الذين قاموا بتطبيق قائمة المشكلات السلوكية ومقياس مفهوم الذات على عينة متكونة من (252) في الصف الثاني والخامس الابتدائي. وقد تم اختيار (15) طفلاً من الذين حصلوا على درجات متطرفة على مقياس الاكتئاب للأطفال ، و(15) طفلاً حصلوا على درجات منخفضة على نفس المقياس ، ثم طبقت على المجموعتين ، مقياس القلق ، ومقياس تقدير الذات ، ومقياس المكانة الاجتماعية ، ومقياس تقدير المدرسين لسلوك الطفل، ومقياس المكانة الاقتصادية والاجتماعية.

توصلت الدراسة إلى أن المجموعة المتطرفة أقل تقديراً للذات وأكثر قلقاً وأقل توكيداً وأكثر إنسحاباً اجتماعياً، وأقل تحصيلاً أكاديمياً ، وأكثر معاناة بالمشكلات النفسية مقارنة بالمجموعة الثانية.

وقد أجريت في هذا الصدد دراسات عربية كثيرة نذكر منها دراسة الشرقاوي [2] التي بحثت مفهوم الذات لدى الحدث الجانح. تكونت عينة البحث من أربع مجموعات (30) من الأحداث الجانحين وأخرى ضابطة وعددها (30) من الأحداث العاديين ، ومجموعة تجريبية عددها (30) من الفتيات الجانحات وأخرى ضابطة وعددها (30) من الفتيات العاديات.

وقد كافأ الباحث المتغيرات التالية: السن، الذكاء، المستوى الاجتماعي والمستوى التعليمي.

---

1) Strauss, C.C. and Others (1984) Characteristics of children with extreme scores on the children depression inventory. Journal of Clinical Psychology , 13,p.227-231

2) الشرقاوي ، أنور محمد (1970) دراسة لأبعاد مفهوم الذات لدى الجانحين ، رسالة ماجستير غير منشورة كلية التربية ، جامعة عين شمس.

استخدم الباحث الأدوات التالية في الدراسة.

1- اختبار مفهوم الذكاء للكبار.

2- مقياس الشخصية للمرحلة الإعدادية والثانوية (كاتل).

3- مقياس الإرشاد النفسي.

4- اختبار تقدير الذات التصنيفي (تصميم الباحث).

5- استمارة البيانات الأولية (النواحي الاجتماعية والاقتصادية تصميم الباحث).

6- استمارة من واقع حلقات الجانحين لزيادة فهم الجوانب المكونة لشخصية الحدث الجانح (الاستمارة الاجتماعية من تصميم الباحث).

7- اختبار الذكاء المصور.

توصلت الدراسة إلى :

أ- إن مفهوم الذات الجانح يختلف عن مفهوم الذات لدى غير الجانح من حيث التطابق بين الذات المدركة والذات المثالية ، كذلك بين الجانحات وغير الجانحات.

ب- وجود فروق بين الجانح وغير الجانح فيما يختص ببعض عوامل الشخصية حيث كشفت النتائج وجود فروق ذات دلالة إحصائية بين الجانحين والعاديين، وكذلك بين الجانحات والعاديات في بعض عوامل الشخصية التي تناول البحث ذكر منها هي : الاتزان الانفعالي، والسيطرة ، وعدم تقبل المعايير الاجتماعية ، وحب العمل الجماعي، والثقة بالنفس، والتكوين العاطفي نحو الذات.

ج- إن الجانحين أقل توافقاً في علاقاتهم الأسرية والاجتماعية من غير الجانحين بعد أن تبين وجود فروق ذات دلالة إحصائية بين الجانحين والعاديين وبين الجانحات والعاديات بمقياس العلاقات المنزلية ، والعلاقات الاجتماعية ومقياس الشعور بالمسؤولية بمقياس الإرشاد النفسي.

د- وجود ارتباط بين أبعاد مفهوم الذات وبعض عوامل الشخصية الأخرى حيث تبين وجود هذا الارتباط بين مفهوم الذات بمقاييسه الثلاثة(مقياس التباعد مقياس تقبل الذات ، ومقياس تقبل الآخرين) وبين عوامل الشخصية الأخرى وهي العلاقات المنزلية، والعلاقات الاجتماعية، والشعور بالمسؤولية ، والسيطرة ، وعدم تقبل المعايير الخلقية للجماعة ، والخجل والإحجام ، وضعف التكوين العاطفي نحو الذات.

أما إبراهيم [1] فدراستها كانت حول مفهوم الذات والتوافق النفسي لدى الأطفال اللقطاء

تكونت العينة من مجموعتين ، المجموعة الأولى (120) تلميذاً والمجموعة الثانية (82) تلميذة في الصفوف الرابع والخامس والسادس الابتدائي ، تتراوح أعمارهم بين (9-12) سنة، وتتراوح نسب ذكائهم بين (90-110) .

استخدمت الدراسة الأدوات الآتية:-

1-   مقياس التوافق النفسي (إعداد الباحثة)

2-   مقياس مفهوم الذات بيرس هاريس.

3-   اختبار عين شمس للذكاء الابتدائي .

---

1) إبراهيم ، سميرة محمد (1983) مفهوم الذات والتوافق النفسي لدى الأطفال اللقطاء. رسالة ماجستير غير منشورة ، كلية التربية ، جامعة عين شمس.

4-   دليل تقدير الوضع الاجتماعي والاقتصادي.

5-   استمارة بيانات التلميذ (إعداد الباحثة).

توصلت الدراسة إلى ما يلي:

أ-   لا توجد فروق دالة في مفهوم الذات بين الذكور والإناث على الدرجة الكلية لمفهوم الذات، والأبعاد الفرعية باستثناء بعد الحالة الدراسية ، وكانت الفروق لصالح الذكور.

ب-   توجد فروق دالة في مفهوم الذات بين أطفال المؤسسات (اللقطاء) وأطفال الأسر العادية ولصالح المجموعة الثانية .

ج-   لا توجد فروق ذات دلالة إحصائية في التوافق الشخصي بين الإناث والذكور.

د-   توجد فروق لصالح الذكور على عنصر العلاقات الاجتماعية السلبية.

هـ-   لا توجد فروق دالة على عنصر التحرر في الميول العدوانية، أو عنصر الالتزام الأخلاقي.

و-   توجد فروق دالة في التوافق الاجتماعي بين أطفال المؤسسات وأطفال الأسر العادية ولصالح المجموعة الثانية.

وقامت آن وستيفن Ann and Stephen [1] بدراسة حول التوافق الاجتماعي مع الاصدقاء وعلاقته بمفهوم الذات والاكتئاب لدى الاطفال

---

1) Ann, N and Stephen, J. (1994) Peer victimization and its relation to self concept and depression among school girls. Personality and Individual Differences. V, 16 , N1. Pp 183-186.

شملت العينة (60) طفلاً باعمار (12-10) توصلت الدراسة الى وجود علاقة ارتباطية موجبة بين عدم التوافق الاجتماعي مع الاصدقاء وكل من مفهوم السالب عن الذات والاكتئاب.

كما أظهرت دراسة وجود علاقة ارتباطية بين مفهوم الذات السالب ومستوى الاكتئاف لدى هؤلاء الاطفال.

أظهرت الدراسات السابقة الفروق في مفهوم الذات وفق متغير السلوك ويمكن القول في هذا الصدد إن مفهوم الذات يتأثر إلى حد ما بالسلوك إذا كان مقبولاً أو غير مقبول. وغالباً ما يرتبط السلوك غير السوي بمفهوم ذات واطئ، لأن السلوك غير السوي يعني سواء التوافق الذي يؤدي إلى عدم القبول الاجتماعي.

تتظافر عوامل عديدة في خلق السلوك غير السوي منها الاستعدادات الوراثية والعوامل البيئية ، وأشدد على الثانية ، وخاصة تلك التي تتعلق بالتنشئة الأسرية وعلى وجه الخصوص أساليب التربية المخطوءة التي تتبع من قبل أحد الوالدين أو كليهما ، كأساليب الشدة والصرامه والعقاب البدني، والإهمال والتدبذب والحمايه المفرطه .

وهناك عوامل أخرى تشترك بأوزان مختلفة في خلق السلوك غير السوي كالحالة الاجتماعية والاقتصادية والمستوى الثقافي للوالدين ، حجم الأسرة، الترتيب الميلادي، الأقران . إن الفرد كائن اجتماعي يتأثر في البيئة التي يعيش فيها ويؤثر فيها. فالعلاقة جدلية بينهما ، لذلك فإن تكرارية السلوك غير السوي من شأنه استمرار استجابة الرفض والاستياء وعدم القبول الأمر الذي يؤثر سلباً في رؤية الفرد لنفسه.

ولا بد من الإشارة إلى أنه لا توجد معايير مطلقة لتشخيص السلوك غير السوي وإنما يرتبط السلوك بالمعايير الاجتماعية ، ودرجة انحراف السلوك يرتبط بقدر انحرافه عن تلك المعايير.

مفهوم الذات والمدرسة

لقد ذكرنا سلفاً ما للأسرة من دور كبير في تشكيل الملامح الأساسية لشخصية الفرد وما سيؤول إليه .

وللمدرسة دور مهم في تنشئة الأطفال ، وإن كان لا يرقى إلى مستوى البيئة الأولى المتمثل بالأسرة، لكنها فاعلة في تنمية الجوانب العقلية والجسمية والاجتماعية والانفعالية للطفل . ويعد المعلم من المتغيرات المهمة ، وهو القطب الفاعل في جعل المتعلم متكيفاً في المدرسة أو غير متكيف من خلال الطرق والأساليب التي يتبعها مع المتعلمين، فكما للآباء أساليبهم في تربية أبنائهم فللمعلمين أساليبهم كذلك في التعامل مع المتعلمين وما يفرزه ذلك التعامل على سمات الشخصية.

فهناك الأسلوب الاستبدادي الذي يكون فيه المعلم الآمر الناهي، وما على المتعلم إلا الطاعة والإذعان، وحفظ ما يملي عليه ، فهو يستخدم كل أشكال العقاب وخاصة القسرية منها، وهذا ما يفرز بظلاله السيئ على المتعلم ، إذ لا يستطيع الأخير أن يعبر عن ذاته ، أو يحقق فضوله العلمي لأن هذا الأسلوب يدعو إلى الخوف والقلق والتردد الذي يؤثر في رؤية المتعلم لنفسه .

وهناك الأسلوب المتذبذب الذي تسوده اللين والشدة بعيداً عن العلمية والموضوعية حيث تصبح الأمور غير متوازنة وتفتقد إلى التقييم الحقيقي الأمر الذي يدعو إلى غبن بعض المتعلمين وقد يحقق آخرون إمتيازاً لا يستحقونه.

وهناك الأسلوب المتهاون الذي يفتقد إلى الحل والربط حيث تسود الفوضى وتنعدم الضوابط أن مما يؤدي إلى سلوكات غير مقبولة ، منافية لقواعد النظام العام مما يكون له تأثير سلبي في تنشئتهم تنشئة سليمة.

ويعد الأسلوب الديمقراطي الأسلوب الأمثل الذي يتميز بالعلاقة الإيجابية بين المعلم والمتعلم إذ يحقق هذا الأسلوب الضبط الداخلي بدلاً من الضبط الخارجي، وهو أسلوب يحقق في ذات الوقت الحاجات النفسية والاجتماعية والعقلية للمتعلم والتي تصب في رؤيته لنفسه.

وقد تطرقت كثير من الدراسات التي بحثت دور المعلم في تنشئة المتعلمين. فمن الدراسات التي بحثت أثر أسلوب المعلم في مفهوم الذات دراسة دانزيك (Danzig) [1] التي هدفت معرفة تأثير استخدام المعلم أساليب تعديل السلوك في تحسين مفهوم الذات للأطفال المعاقين عقلياً عوقاً بسيطاً ، تكونت العينه من (61) متعلماً بأعمار (7-16) سنة ، اشترك في هذه الدراسة (16) معلماً لست مدارس ، أربع منها ابتدائية واثنتان إعدادية في مدينة آوا، حيث أخذ كل معلم أربعة متعلمين إلا ثلاثة منهم كان نصيبهم ثلاثة متعلمين.

طبق مقياس بيرس هاريس لمفهوم الذات قبل نطبيق البرنامج وبعده. قُسم المتعلمون إلى مجموعتين أحدهما تجريبية التي اتبعت معها أساليب تعديل السلوك والأخرى ضابطة بشكل عشوائي.

أظهرت النتائج أن المعلمين من المجموعة التجريبية (الذين حصلوا على تعزيز) قد تحسنوا في مفهوم الذات بشكل واضح حيث كان المدح كمعزز لفظي فاعلاً في تحسين العبارات الإيجابية عن الذات.

---

1) Danzig ,L (1977) Teacher use of behaviour modification techniques to improve the self concept of educable mentally retarded. ph.D Dessertation the University of lowa.

ولا تختلف دراسة هاروب (Harrop)[1] كثيراً عن دراسة دانزيك حيث هدفت معرفة استخدام أساليب تعديل السلوك في تحسين مفهوم لتلاميذ ذوي مفهوم ذات واطئ .

تكونت عينة البحث من خمسة صفوف للمرحلة الابتدائية تمثل المجموعة التجريبية وأربعة صفوف أخرى تمثل المجموعة الضابطة.

أما الأساليب التي أتبعت من قبل المعلمين هي: مبدأ التعزيز للإنجاز الأكاديمي ، وتجاهل أي فشل للتلاميذ ، وتجنب أي مهمة لا يستطيع القيام بها، وإعطاء بعض المكانة الاجتماعية للتلميذ، وتعزيز التلاميذ الذين يعلقون إيجاباً على إعطاء التلميذ تلك المكانة.

أسفرت النتائج على تحسين مفهوم الذات للأطفال الصغار وبدلالة إحصائية مقارنة بالمجموعة الضابطة عندما طبق مقياس بيرس هاريس لمفهوم الذات القبلي والبعدي، لكن الفروق بين المجموعة التجريبية والمجموعة الضابطة للأطفال الكبار لم ترق إلى مستوى الدلالة الإحصائية .

كما توصل شيفلر ونادلمان (Shiffler , Sour and Nadelman)[2] إلى أن الأطفال الذين يتلقون الدعم والتعزيز من معلميهم لديهم مفهوم ذات عال، كما يظهر لديهم تفاعل اجتماعي مرتفع.

---

1) Harrop, A.(1983) Behaviour Modificaiton in the Classroom – London: Hadder and Stoughton.

2) Shiffler , N,S. sour , R. J. and Nadelman, l. (1977) Relationship between self concept and classroom behaviour in two informal elementary classroom . Journal of Educational Psychology. 69, pp. 349-359.

إن مفهوم الذات مصطلح نفسي مدرك من خلال رؤية الفرد لنفسه وما يلمسه من البيئة التي يتعامل معها، والمعلم هو القطب الفاعل في العملية إذ إن له دوراً كبيراً ومؤثراً في الانطباع الذي يأخذه المتعلم عن نفسه، فمثلاً الدراسة التي أجراها هاينز وآخرون (Hayens and others) [1] على عينة متكونة من (142) طفلاً من الصفوف الثالثة والرابعة والخامسة الابتدائي ، هدفت معرفة العلاقة بين مفهوم الذات للأطفال وتقييم المعلمين لسلوكهم في المدرسة.

استخدمت الدراسة مقياس بيرس هاريس للأطفال، ومقياس آخر للمعلمين السبعين الذين اشتركوا في هذه الدراسة، ويحتوي هذا المقياس على (39) فقرة.

أظهرت النتائج أن هناك علاقة بين تقييم المعلمين لسلوك الأطفال ومفهوم الذات لديهم .

إما دراسة مارش وباركر وسميث (Marsh, parker and smith)[2] فهدفت معرفة العلاقة بين مفهوم الذات لدى التلميذ وتقدير المعلم لمفهوم التلميذ عن ذاته وقدرة التلميذ الأكاديمية .

تألفت عينة الدراسة من (958) تلميذ وتلميذة من الصفين الخامس والسادس الابتدائي في أستراليا.

---

1) Haynes, N. M and others (1987) An analysis of the relationship between children's self concept and their teacher assessment of their behaviour , implication for prediction and intervention. Journal of School Psychology . 125, pp.393-397.

2) Marsh ,H.W, Parker, J.W. and Smith ,I.D (1983) Preadolescent self concept its relation to self concept inferred by teacher and to acadmic ability . British journal of Educational Psychology 53.pp 66-78

أظهرت النتائج وجود ارتباط جوهري لمفهوم الذات الأكاديمي بالتحصيل الأكاديمي، وتقدير المعلم لقدرة التلميذ الأكاديمية ، وبتقدير المعلم لمفهوم الذات لدى التلميذ في المجالات والأبعاد غير الأكاديمية لمفهوم الذات.

إن المعلم الذي يتسم بسمات مهنية ومعرفية وشخصية وأخلاقية جيدة قادر على إعطاء المتعلم دوره الحقيقي ليحقق حاجاته الجسمية والعقلية والاجتماعية والانفعالية التي لها الأثر الكبير في رؤيته لنفسه.

ومن الدراسات العربية التي بحثت أثر العلاقة بين المعلم والمطالب في مفهوم الذات دراسة العارضة [1] .

تكونت عينة البحث من (417) طالباً وطالبة تم اختيارها بشكل عشوائي من مدارس مختلفة. ومن ضمن الأدوات التي استخدمت في هذه الدراسة مقياس أسلوب المعلم في التعامل مع الطالب.

أظهرت الدراسة وجود علاقة واضحة بين أسلوب تعامل المعلم مع الطالب ومفهوم الذات.

إما المتغير الآخر في إطار المؤسسات التعليمية والذي يؤثر في جعل المعلم متكيفاً في المدرسة أو غير متكيف هو المنهج ، لأن هناك من المناهج ما يراعي رغبات وميول المتعلمين أي يتمحور حول المتعلم .

وهناك آخر غير ميال لميول ورغبات المتعلمين ، وعلى المتعلم إن يتمحور حوله مما قد يخلق حالة من عدم التوافق.

---

1) العارضة ، إيمان فضل أن(1989) أثر نمط التنشئة الأسرية والتفاعل بين المعلم والطالب على مفهوم الذات عند الطلبة . رسالة ماجستير غير منشورة ، الجامعة الأردنية، الأردن.

كما أن للجو المدرسي الذي يسود المدرسة تأثيره في تكيف المتعلم ، أو عدم تكيفه والذي من شأنه خلق حالة من الانتماء أو عدم الانتماء . فالجو الديمقراطي يتيح للمتعلم فرص التعبير عن آرائه وأفكاره إذ يشعر خلاله بالأمن والطمأنينة والاستقرار . وهناك الجو الذي يسوده التسلط والضبط والتزمت الذي يدعو إلى خلق حالة من القلق والتردد والذي قد يسبب في بعض الأحيان سلوكات مرفوضة تعبيراً عن الرفض والاستياء .

كما لا تقتصر سياسة المدرسة على المتعلمين فحسب وإنما على المعلمين كذلك ، لذلك يمكن القول إن العلاقة الإيجابية بين الإدارة والمعلمين تنعكس بشكل إيجابي على المتعلمين والعكس صحيح.

المراجع العربية

- إبراهيم ، سميرة محمد (1983) مفهوم الذات والتوافق النفسي لدى الأطفال اللقطاء . رسالة ماجستير غير منشورة ، كلية التربية، جامعة عين شمس.

- إسماعيل ، محمد عماد الدين(1961) كراسة تعليمات اختيار مفهوم الذات للكبار. القاهرة : مكتبة النهضة المصرية.

- توق، محي الدين، والطحان ، محمد خالد(1986) دراسة مقارنة لمفهوم الذات بين المتفوقين دراسياً وغير المتفوقين ، حولية كلية التربية بجامعة الإمارات. العدد الأول ، السنة الأولى ، ص5-44.

- جبالي ، صفية محمود يوسف (1991) العلاقة بين أساليب الوالدين في التنشئة الاجتماعية ومفهوم الذات عند طلبة الثاني الإعدادي . رسالة ماجستير غير منشورة ، جامعة اليرموك ، اربد ، الأردن.

- جلال، سعد (1987) المرجع في علم النفس. القاهرة: دار الفكر العربي.

- حسن، طلعت، وعبد العال، سيد(1981) المدخل إلى علم النفس، الدراسة العلمية لسلوك الإنسان. القاهرة: العربي للنشر والتوزيع .

- حسين ، محمود عطا(1985) مفهوم الذات وعلاقته بالكفاية بالتحصيل الدراسي والتخصص في المرحلة الثانوية، السعودية ، رسالة الخليج العربي العدد، 18 السنة الخامسة ، ص205-282.

- خنفر ، صبحي (1983) العلاقة بين مفهوم الذات وعوامل النجاح والفشل التحصيليين كما يدركها طلاب المرحلة الثانوية في الأردن ، رسالة ماجستير غير منشورة ، جامعة اليرموك ، اربد ، الأردن.

- الداوود، أسعد فرحان محمد(1982) اشتقاق معايير أردنية لمقياس بيرس- هاريس لمفهوم الذات ، رسالة ماجستير غير منشورة ، جامعة اليرموك ، اربد.

- الدمرداش ، إحسان محمد(1976) مفهوم الذات عند الأطفال المحرومين. رسالة ماجستير غير منشورة ، كلية البنات ، جامعة عين شمس.

- راجح، أحمد عزت(1985) أصول علم النفس . القاهرة: دار المعارف .

- زهران، حامد عبد السلام (1977) الصحة النفسية والعلاج النفسي ، ط2، القاهرة: عالم الكتب.

- زهران ، حامد عبد السلام (1980) التوجيه والإرشاد النفسي ، ط2 القاهرة: عالم الكتب.

- زين الدين ، نظيمة (1969) أثر بعض أساليب المعاملة الوالدية في جناح الأحداث في سورية. رسالة ماجستير غير منشورة ، كلية البنات ، جامعة عين شمس .

- سلامة ، ممدوحة محمد (1987) عمل الام وحجم الأسرة والمستوى الاجتماعي والاقتصادي كمحددات لإدراك الأطفال الدفء الوالدي ، مجلة علم النفس ، العدد الرابع.

- سلامة ، أحمد عبد العزيز ، وعبد الغفار ، عبد السلام (1980) علم النفس الاجتماعي . القاهرة: دار النهضة العربية.

- سويف ، مصطفى (1966) مقدمة في علم النفس الاجتماعي ، ط3 . القاهرة: دار الفكر العربي.

- السهروردي ، خنساء ناصر الدين(1989) مفهوم الذات لدى أطفال معوقي الحرب. رسالة ماجستير غير منشورة، كلية الآداب، جامعة بغداد.

- السيد ، عزيزة محمد(1980) صورة الذات لدى المرأة المصرية في ضوء بعد الأبعاد النفسية والاجتماعية . رسالة دكتوراه غير منشورة ، كلية البنات، جامعة عين شمس.

- الشرقاوي، أنور محمد (1970) دراسة لأبعاد مفهوم الذات لدى الجانحين. رسالة ماجستير غير منشورة ، كلية التربية، جامعة عين شمس.

- الشعاع ، نعيمة(1977) الشخصية: النظرية، التقييم ، مناهج البحث. القاهرة: المطبعة العربية الحديثة .

- الطحان، ناظم (1984) المشكلات النفسية لطالبات المدارس الثانوية، رسالة دكتوراه غير منشورة ، كلية التربية ، جامعة عين شمس.

- الطويبي ، عمر بشير(1992) التدريس والصحة النفسية للتلميذ. ليبيا: الدار الجماهيرية للنشر والتوزيع.

- الظاهر ، قحطان أحمد (1999) أثر متغيري حجم العائلة والترتيب الميلادي في مفهوم الذات مجلة الثقافة العربية ، عدد كانون الثاني ، 2000 بنغازي.

- الظاهر، قحطان أحمد (2000) الطفل غير العادي : الموهوبون والمعاقون. ليبيا ، طرابلس: مطابع الثورة العربية.

- العارضة ، إيمان فضل(1989) أثر نمط التنشئة الأسرية والتفاعل بين المعلم والطالب في مفهوم الذات عن الطلبة . رسالة ماجستير غير منشورة، الجامعة الأردنية ، الأردن.

- عباس، علي ، وتوق، محي الدين(1981) أنماط رعاية القيم وأثرها في مفهوم الذات لدى عينة من الأطفال في الأردن. مجلة العلوم الاجتماعية، العدد الثالث، السنة التاسعة (أيلول).

- عبد الخالق ، أحمد محمد(1993) استخبارات الشخصية ، ط2، الإسكندرية: دار المعرفة الجامعية.

- عبد الغفار ، عبد السلام(1980) مقدمة في الصحة النفسية. القاهرة : دار النهضة العربية.

- عبد الفتاح ،فاتن(1986) اتجاهات الوالدين نحو أطفالهم وأثر ذلك في مفهوم ذواتهم وتقديرهم لها ، رسالة ماجستير غير منشورة ، كلية الآداب ، جامعة الزقازيق.

- عروق ، إدريس صالح محمد (1992) تطور مفهوم الذات لدى طلبة المرحلة الأساسية ، رسالة ماجستير غير منشورة ، جامعة اليرموك ، اربد.

- علاونة ، شفيق فلاح (1989) أساسيات علم النفس التطوري. بيروت: دار الجليل .

- العلي، عدنان (1985) أثر تعزيز التحصيل في مادة الرياضيات في رفع مفهوم الذات المتدني لدى طلبة الذكور في المرحلة الثانوية ، رسالة ماجستير غير منشورة، جامعة اليرموك ، اربد .

- غنيم ، سيد محمد(1975) سيكولوجية الشخصية، محدداتها ، قياسها نظرياتها، القاهرة: دار النهضة العربية.

- فرحان، محمد جلوب(1986) النفس الإنسانية . العراق ، الموصل: مكتبة بسام.

- فهمي ، مصطفى (1971) الإنسان وصحته النفسية. القاهرة: مكتبة الأنجلو مصرية .

- قارون ، دلال محمد (1989) مفهوم الذات والمستوى الاقتصادي الاجتماعي والمعاملة الوالدية لدى الأحداث الجانحين من الإناث رسالة . ماجستير غير منشورة ، مكة المكرمة ، كلية التربية ، جامعة أم القرى.

- قطامي، نايفه (1992) أساسيات علم النفس المدرسي . عمان: دار الشروق.

- قطامي ، نايفة وبرهوم ، محمد (1989) طرق دراسة الطفل ، عمان : دار الشورق .

- لابين ، دالاس ، وجرين ، بيرت(1981) مفهوم الذات (ترجمة فوزي بهلول). القاهرة : دار النهضة العربية.

- القيسي، طالب ناصر حسين(1988) دراسة مقارنة في مفهوم الذات لدى أبناء الشهداء قبل وبعد استشهادهم ولدى أقرانهم في المرحلة المتوسطة . رسالة ماجستير غير منشورة. كلية التربية، الجامعة المستنصرية، بغداد.

- مبارك، خلف أحمد (1981) مفهوم الذات لدى الطفل الوحيد في الأسرة وعلاقته بالتكيف الشخصي والاجتماعي . رسالة ماجستير غير منشورة، كلية التربية ، جامعة أسيوط .

- مصطفى ، أحمد تركي (1974) الرعاية وعلاقتها بشخصية الأبناء . القاهرة : دار النهضة العربية.

185

- مصطفى ، يوسف حمه(1990) معاملة الوالدين وعلاقتها بتقدير الذات لدى المراهقين من أبناء الشهداء وأقرانهم. رسالة ماجستير غير منشورة كلية الآداب ، جامعة بغداد.

- المليجي ، حلمي (1972) علم النفس المعاصر ، ط2 . بيروت: دار النهضة العربية.

- موسى، رشاد علي عبد العزيز (1993) علم النفس المرضي : دراسات في علم النفس . القاهرة: مؤسسة مختار للنشر والتوزيع.

- مياسا، محمد مصطفى (1979) الاتجاهات الوالدية في التنشئة وارتباطها بشخصية الأبناء في المستويات الاجتماعية والاقتصادية المختلفة. رسالة ماجستير غير منشورة ، كلية البنات، جامعة عين شمس.

- هول ، ك ولندزي ، ك (1971) نظريات الشخصية (ترجمة أحمد فرج وآخرون). القاهرة : الهيئة المصرية العامة للتأليف والنشر.

- النيال، مايسة احمد ، وكافي ،علاء الدين (1995) صورة الجسم وبعض متغيرات الشخنسية لدى عينات من المراهقات. الإسكندرية : دار المعرفة الجامعية.

- يعقوب، إبراهيم ، وبلبل، رمزي (1985) علاقة مفهوم الذات بالتحصيل الدراسي لدى تلاميذ المرحلة الإعدادية في الأردن. أبحاث اليرموك ، المجلد الأول ، العدد الثاني ، جامعة اليرموك ، اربد

المراجع الأجنبية

- Allport , c. (1957) Becoming Basic Consideration For Psychology of Personality, New Haven : Yale University Press.

- Anderson , H. H. and Anderson , G. L(1951) An Introduction to Projective Techniques and other Devices For Understanding the Dynamics of Human Behaviour. Printice Hall Englewood Gliffs N.J.

- Andrews, D.J (1976) The Perception of significant others and its relationship to children's self concept development and school achievement . Dissertation   Abstracts International 36(7) 4337 A

- Ann, N. and Stephen. J (1994) Peer victimization and its relation to self concept and depression among school girls. Personality and Individual Differences. V. 16, N1, PP. 183-186.

- Beemer , L.C (1972) Developmental change in the self concept of children and adolescents. Dissertation Abstracts International . 32.pp4031-5032.

- Berry, K and Poncini , M . (1982) Father absence and school achievement in Australian boys . In ERIC 1,18,3 March , 1983.

- Bowlby, J.(1973) Attachment and Loss Separation. New York: Penguin Book.

- Bulbul. R. (1980) The Relationship Between Self Concept and Academic Achievement Among Turkish Elementary School Students. Florida : University of Florida.

- Burns, J.S(1979) The Self Concept in Theory, Measurement: Development , Behaviour. New York : Long man

- Byrne, B.A(1984) The general academic self concept nomological network. A Review of construct validation Research. Review of Educational Research , 54,3 pp. 427-456.

- Chiam, A(1987) Change in self concept during adolescent, Adolescence , vol xx, 11-No, 85,pp- 69-76.

- Coleman ,A.C. (1964) Abnormal Psychology and Modern life (3rd ed) Bomboy, taraporevola.

- Collins, B(1981) Self concept : A study of Junior high students from one parent families and two parents families. Dissertation Abstracts of International . 41, 4, October .

187

- Danzig , L. (1977) Teacher use of behaviour modification techriques to improve the self concept of educable mentally retarded. Ph Dissertation the University of Iowa.

- Davie, R, Rutter , N. and Goldstein , H. (1972) From Birth to seven London : longman.

- Demo, D.H and others , (1987) Family relation and the self esteem of adolescent and their parents. Journal of Marrige and the Family 49. November , pp 705-715.

- Dennis , R . and Paini, T .(1989) Early adolescent age of gender differences in parents of self disclosure to parents and friends. ERIC Resources in Education, April.

- Epstein , S . (1980) Personality , Basic Aspect and Current Research. NewYork : prentice Hall Inc.

- Eyo, I . E. (1981) British delinguents . and non delinguents on seven domain of the self concept . Journal of Psychology , 109, 1-2 pp.137-145.

- Franco , J. (1983) A Development Analysis of self concept in Mexican American and Anglo school children Hispanic. Journal of Behavioural Sciences . 5(2) 207-218.

- Gerger , J ,K . (1971) The Concept of Self . NewYork : Holt – Rinehart and Winston Inc.

- Harrop, A(1983) Behaviour Modefication in the Classroom , London : Hadder and stoughtor .

- Haynes, N.M. and others (1987) An analysis of relationship between children's self concept and their teacher assessment of their behaviour implication for prediction and intervention. Journal of School Psychology –125- pp. 393 397.

- Hester , J .G (1980) Sex differences in the structural development of self concept across grade nine through eleven. Dissertaiton Abstracts international , 40(10) 5375A.

- Hoffman , M .L (1960) power assertion by parents and its impact on the child , Child Development , 31, pp. 122-143.

- Hurlack , E .B (1974) Personality Development – New York : Mc Graw Hill Inc.

- James , W. (1950) The Principles of Psychology New York : Basic Book.

- Jegede, R.O. (1982) Across Secional study of self concept development in Nigerian adolescents. Journal of Psychology- 110, 2 pp.249-261.

- Jersild, A.T(1963) The Psychology of Adolescence (2nd ed) New York : the Macmillian company.

- Jumg, G. (1953) Collected work : Psychology and Alchemy . V. 12- New York : Holt , Rinehart and Winston.

- Larned , D. J and Muller , D(1979) Development of self concept in grade one through nine- The Journal of Psychology , 102(2) 143-155.

- Litovsky, V. G and Dusek, J .B(1985) Perception of children rearing and self concept development during the early adolescent . Journal of youth and Adolescent , No 5 pp.3730386.

- Mardock,W.A. (1982) The relationship of father absence of the self esteem of elementary school . Dissertation Abstracts International Oct. p.1260.

- Marsh, H.W, Smith , I.D. and Barens, J. (1985) Multidimentional self concept : relation with sex and academic achievement. Journal of Educational Psychology , Vo. 77, No 5 pp. 581-596.

- Marsh, H.W, Graven ,R.G and Debus, R. (1991) Self concepts of young children 5 to 8 years of age : measurement and multidimentional structure. Journal of Educational Psychology 83. 3, pp. 377-392.

- Marsh, H.W.Parker, J.W and smith , I.D (1983) Preadolescent self concept , its relation to self concept inferred by teacher and to academic ability .British Journal of Educational psychology . 53-pp.66-78.

- Mc candles, B.R. (1974) Child Behaviour and Development (3rd ed) Holt , Rinehart and Winston . pp.151-155.

- Mischel .W (1976) Introduction to Psychology. New York : Holt Rinehart Winston.

- Murphy, M.J (1986) A comparison or characteristics of school behaviour and anxiety of military dependent children and nonmilitary children with father present of absent. Dissertation Abstracts international 47.8, December, 1986.

- Mussen, P.H, and Jones ,M(1957) Self conception , motivation, and interpersonal attitudes of late and early maturing boys. Child Development – 28- pp. 243-256.

189

- Noppe, I.C (1981) Age and cognitive development factors in the development of self concept: paper presented to the biennial meeting of the society for research in child development ERIC Document Reprodution service No ED. P P. 205-217.

- Obiakor, F.E (1987) A comperative study of the development of self concept in normally sighted and visually impaired students, Dissertaiton Abstracts International 028- (2) 383 A.

- Rogers . C. (1961) On Becoming A Person : A Therapist View of Psychotherapy . Boston : Houghton Mifflin Company.

- Rogers, S. Smith, M.D. and Coleman , J.M (1978) Social comparison in the classroom; the realationship between academic achievement and self concept. Journal of Educational Psychology vol,70. No,1, pp. 5- 75,

- Rosenberg, M(1979) Conceiving The Self . New York: Basic book Inc.

- Rutter , M. (1966) Children of sick parents : an environmental and psychiatric study. Maudsly Monograph , No 16 London. Oxford University : Longman.

- Shavelson, R. (etal) (1976) Self concept validation of construct interpretation. Review of Educational Research , 46 , 3, pp.407-441.

- Shavelson, R. and Bolus, R, (1982) Self concept the Interpaly of theory and method. Journal of Educational psychology . 74,1, pp.3-7.

- Shiffler , N. S. Saur , R. J and Nadelman ,L (1977) Relationship between self concept of classroom behaviour in two informal elementary classroom . Journal of Educational Psychology . 69, pp.349-359.

- Singer, K,D. (1978) A Comperative study of self concept children from parent home environment and children from two parents home environment , Dissertation Abstracts International . 39,1, September , 1978.

- Singh, Gangwar, (1982) Self concept as function of social economic and cultural setting in first division of high shool students . Indian Psychological Interview . Jan , Vol ,22(1) pp. 36-40.

190

- Song , L.S and Hattie , J(1985) Relationship between self concept and achievement. Journal of Research in Personality , 19 pp. 365-372.

- Stark, R.L (1987) The effect of family on school behaviour as perceived by children and teacher. Dissertation Abstracts International . 28,7.p714. January , 1998.

- Stipek, D.J and others (1990) Self concept development in the toddler years. Develomental Psychology, 26-6, 972-977.

- Strauss, C.C and others (1984) Characteristics of children with extreme scores on the children's depression inventory. Journal of Clinical Psychology, 13, p. 227-231.

- Street , S(1988) Feedback and self concept in high school student . Adolescence vo., 23, No,9. pp. 449-456.

- Stubbs, M. , Koff, E and Rierden , J. (1990) Gender , body image and self concept in early adolescence . Journal of Early Adolescence . 10 (1) , 56-68.

- Trocchio , T.M .(1982) The effect of tather absence on male adolescents . Dissertation Abstracts International . -42- 9 p. 25-39.

- Tuckman ,J, and Regan, R. A (1967) Ordinal position and behaviour problems in children. Journal of Health and Social Behaviour ,-8- p. 32-39.

- Velasco, B. C. and Muller , D.(1982) Self concept development in Rural and Urban stuents . Rural Educator . 39 (3) 7-15.

- Wylie , R. (1961) The self concept. A Critical Survey of Pertinent. Research Literature. Lincolin , University of Nebraska press.

Printed in the United States
By Bookmasters